마누라도 구워삶는 바보 대박의 법칙

바보 대박의 법칙

하라사키 유조 지음 | 김윤희 옮김

YANG 이문 MOON

철이 들 무렵부터 나는 '바보!' '멍청이!' 라는 소리를 자주 들었다. '어떻게 이런 걸 모를 수 있니?' '머리가 어떻게 된 거 아니니?' 라는 처참한 말을 20년 넘게 들어왔다. 실제로 나는 정상이 아니었는지도 모른다. 상식적으로는 나를 이해할 수 없었으니 늘 바보 취급을 당하는 것이 당연하였을 수도 있다. 하지만 나는 속으로 그들을 비웃고 있었다.

'어디 두고 보자.'

'너희가 감히 올려다볼 수도 없을 만큼 성공할 거다.'

마음 깊은 곳에서 이런 울림이 들려왔다.

솔직히 말하면 나는 언제나 아이들의 장난거리였고 놀림감이었다. 철이 들 무렵이었으니까 아마 열다섯 살쯤부터 또래 녀석들에게 괴롭힘을 당했던 것 같다. 당연한 말이지만 내가 자청한 일도 아니고 뚜렷한 계기가 있었던 것도 아니다.

어느 날 갑자기 정신을 차리고 보니 아이들은 늘 나를 괴롭히는 재미에 살고 있었다. 그때는 어찌해야 좋을지, 어떻게 하면 그 고통에서 벗어날 수 있을지 전혀 알 수 없었다. 그저 계속 당하고 있을 뿐이었다.

그러나 나는 얻어터지고 까무러칠 정도로 두들겨 맞으면서도 늘 '너희 다음에 두고 보자' 며 허세를 부렸다. 이런 행동 때문에 사람들은 나를 더욱 바보 취급했다. 마치 짐승을 쳐다보듯, 뭐라 콕 집어 표현하기는 곤란하지만 아무튼 이상한 눈빛으로 바라보았다. 한마디로 구경거리가 된 것이다.

하지만 시간이 흐른 지금, 나는 전혀 다른 위치에 서 있다. 이제는 고객 유치를 위한 컨설턴트로, 팔리는 광고를 만드는 유일한 디자이너로 세간의 화제가 되고 있다. 이 엄청난 변화는 무엇을 의미하는가. 어떻게 이런 변화가 온 것일까.

쉽게 들릴지 모르지만 이는 결코 우연이 아니다. 그 바탕에는 치밀한 계산이 깔려 있었고 나는 그 계산 위에 성공이라는 숫자를 채워나갔다. 정상에 서기까지 순탄하지만은 않았다. 한걸음만 잘못 내디디면 천 길 낭떠러지로 추락할지도 모르는 절체절명의 상황이었다. 따라서 이 책

은 태어날 때부터 출세가 보장되어 있는 사람이 쓴 글과는
전혀 차원이 다르다. 이 책을 읽어가면서 여러분은 그 뜻
을 이해하리라 믿는다.

략을 보장하는 요소들|전략은 균형이다|마녀와 같은 자기정당화의 법칙|악의 요소가 많을수록 정의를 강조한다|비즈니스는 친구와 함께 식사하는 것과 같다|균형잡힌 시각으로 의뢰인과의 만남을 연출하라|당신의 제품은 과연 의뢰인이 고대하고 있던 것인가|대체 니즈는 무엇인가|니즈는 공기 같은 존재이다|수요라는 관점으로 보면 새로운 니즈가 발생한다|새로운 수요를 창출하기 위한 의사결정의 원리|변화하려는 강한 의지만으로 세상을 바꿀 수 있다|의뢰인의 의지를 명확히 하기 위한 요소|의뢰인의 고민을 이끌어내는 안목과 능력을 키워라|의뢰인에게 피해를 주는 외부요인들|피해항목을 구체화하면 의뢰인의 니즈가 드러난다|이제 문제는 실천하느냐 마느냐이다

6 비즈니스는 연애다 143

인기 있는 남자, 왕따 당하는 남자|좁고 깊은 비즈니스의 길|마누라를 통해 배우는 설득의 기술|자신의 이상형이 어디 있는지를 알면 그것으로 끝이다|외부환경을 파악하라|말을 건넬 타이밍을 노려라|의문형만으로 진행되는 대화의 마술|운명처럼 찾아온 기회를 놓치지 않는다|다시 나를 만나야 할 상황을 만들어라|조바심은 실패의 지름길|당신은 실용서적에 따라 춤추는 배우가 아니다|수다를 떨지 않아도 영업을 할 수 있다

당신은 지금 자신의 삶이 너무 버겁고 힘겹다며 투덜거리
고 있지는 않은가. 하지만 인생이라는 것이 다 그렇다. 아
무리 도와달라고 절규해도 누구 하나 돌아보지 않는다. 자
신을 돌보고 살기에도 부족한 요즘 같은 세상에 지극히 당
연한 일이다.

누구나 자신을 소중하게 생각하며 자기가 최고라고 여
긴다. '나는 대단해, 분명히 특별한 재능이 있을 거야!' 크
든 작든 마음 한구석에는 이런 생각을 하고 있을 것이다.
그러니까 너무 남에게만 매달리지 말자. 자신의 일은 자기
스스로 하자. 좀더 냉정히 말하면 당신을 도와줄 사람은
이 세상 어디에도 없다.

이렇게 말하는 내가 무척 잘난 것처럼 보일 수 있겠지
만 나 역시 마찬가지다. 나 또한 당신을 도와줄 수 없다.

다만 이렇게 해보는 것은 어떻겠냐고 약간의 조언이나 귀띔만 해줄 뿐이다. 그 이상을 바라는 것은 욕심이다. 자, 이제 어떻게 해야 할까.

이제 내 이야기를 들을 준비가 되었는가.

태어나면서부터 시작된 비즈니스

솔직히 말하면 나는 어린 시절에 언어장애가 심했다. 이제는 기억조차 가물가물한 세 살 때 부모님이 이혼을 했고 어머니 손에서 키워지는가 싶더니 채 3일도 안 돼 친척집 대문 앞에 버려졌다. 당신의 감정을 자극하려는 생각은 추호도 없으므로 불우했던 어린 시절 이야기는 이쯤 해두자. 어쨌든 그때의 충격으로 나는 언어장애에 걸렸다.

그날 이후 나는 모든 기억과 말을 잃었다. 이름이 무엇인지, 주위 사람들과 어떤 관계에 있는지 알 수 없었다. 물론 아버지나 어머니와 관련된 것조차 아무것도 기억하지 못했다. 그런 나를 그저 먼 친척쯤 되는 할머니 한 분이 거두었다.

지금 생각해보면 그때가 내 인생에서 두번째 영업활동 시기였던 것 같다(첫번째는 영아기). 피차 친분이 있는 사람들이 아니었기에 의사소통이 되지 않은 것은 물론, 무엇보다 언어장애로 말 한마디 할 수 없었다. 오로지 손짓발

짓이 유일한 표현수단이었다.

그렇다. 나는 이미 어린 시절부터 영업을 시작했다. 상대방에게 나를 알리고 이해받기 위한 몸부림은 태어나면서부터 싹트고 있었던 것이다. 그러고 보면 유창한 달변가가 아니더라도 얼마든지 영업이 가능한 것인지도 모른다.

고객을 끌어오는 당신만의 영업기술

지금부터는 매우 중요한 이야기를 해야 하기 때문에 우선 당신의 상식을 체크할 필요가 있다. 훌륭한 비즈니스맨이 되려면 어떻게 해야 할까 하는 물음에 다음 세 가지 보기 가운데 해답을 고르면 된다.

- 훌륭한 비즈니스맨은 무엇보다 고객 또는 상대방의 마음에 들어야 한다.
- 훌륭한 비즈니스맨은 상대방이 양자택일할 수 있도록 계속 질문을 하고 말을 걸어야 한다.
- 훌륭한 비즈니스맨은 상대방의 질문에 대답만 하면 된다.

아주 간단히 답을 고르는 사람이 있는가 하면 머리를 쥐어짜며 고민하는 사람도 있을 것이다. 정답은 세번째.

비즈니스는 상대방의 마음에 들기 위해 전전긍긍하는 것도 아니고, 상대에게 질문공세를 하거나 공갈협박을 하는 것도 아니다.

첫번째나 두번째라고 대답한 사람은 현실을 제대로 파악하지 못하는 사람이다. 고생을 모르는 사람일수록 이론과 지식으로 무장하고 포장한다. 또한 자신의 지식을 과시하면서 돈을 번다. 제멋대로 떠벌리는 사람의 말을 믿을 것인지 아니면 나 같은 바보가 하는 말을 믿을 것인지는 전적으로 당신의 자유다. 하지만 이제 내가 하려는 말은 정말 중요한 것이므로 잠깐만 귀기울여주기 바란다.

다시 한번 말하지만 영업은 웅변기술이 아니다. 심리전으로 상대를 무너뜨리는 기술은 더욱 아니다. 영업활동의 기본은 '상대방이 내게 질문할 수 있도록 상황을 만들어가는 기술'을 몸에 익히는 것이다.

가만히 있어도 고객이 먼저 다가와 이것저것 물어보는 상황을 만들 수만 있으면 어느 누구도 아무 고생 없이 성공할 수 있다. 그러면 상대에게 허세를 부릴 필요가 없다. 또한 서점을 다 뒤져가며 고른 영업비법 책을 펴들고 탁상공론에 빠지지 않아도 된다.

그렇다. 상대가 당신을 찾는 상황만 되면 '진정한 당신'을 표현할 수 있다. 자신을 위장하거나 상대를 설득하기 위해 진땀을 뺄 필요도 없다. '이젠 그만 좀 오시지' 하는 식의 말로 거부당하는 일없이 그저 '궁금한 게 있으시면 불러달라'는 말 한마디만 던져두고 멀찌감치 떨어져 있어도 되는 것이다.

이 책을 덮는 순간 당신의 인생은 확실히 변해 있을 것이다. 내가 이야기하는 영업기술만 익힌다면 당신은 엄청난 희열을 맛볼 수 있을 것이다. 잠자코 기다리기만 하면 저절로 영업이 되는 기쁨을…….

팔짱끼고 관망만 하던 나는 가라

지금부터 하는 이야기는 여태껏 들어본 적이 없는 낯선 것들일 수 있다. 너무 황당해서 어안이 벙벙할 수도 있고 어쩌면 터무니없다며 비웃을지도 모른다.

하지만 곰곰이 생각해보라. 누구나 다 알고 있고 전혀 차별화되지 않은 발상으로 무슨 도전이 되겠는가. 그럴 리가 없다. 동종업계와 같은 전략, 동일한 아이템으로 경쟁하는 것은 아무런 의미가 없다. 더욱 고전할 뿐이다. 당신이 진정으로 성공을 원한다면 상대방과 다르다는 것을 보여주어야 한다. 즉 차이점을 사람들에게 전달할 수 있어야 한다.

또한 단순히 전달만 한다고 해서 해결될 일도 아니다. 상대에게 '나'라는 존재가 알려지면 그것으로 일단 인간

관계가 성립한다. 다음에는 그 인간관계를 어떤 식으로 유지할 것인가 하는 부분까지도 명확히 해야 한다.

이제부터 나는 당신의 비약적인 성장을 위해 꼭 필요한 요소들만 자세히 분석하면서 소개할 것이다.

1 스스로 설계하는 자만 성공한다

결국 정리해고되는 길을 선택할 것인가
짜증스러운 상황을 벗어나지 않는 한 미래는 없다
타임머신을 타고 당신의 미래를 들여다보라
우선 고객을 무시하라
평생 노예로 살고 싶지 않으면 지금 당장 고객을 버려라
당신을 정신없이 몰아붙이는 것들을 모조리 쓸어버려라
스스로 모든 것을 책임지는 자유
고객과 일을 모두 버린 독불장군만 살아남는다

스스로 설계하는 자만 성공한다

결국 정리해고되는 길을 선택할 것인가

우선 오른쪽 그림을 살펴보자. 무엇을 말하려는지 이해가 가는가. 간단히 말해 노예 같은 삶을 살 것인가, 아니면 느긋하게 여유를 즐기면서 성공을 위한 탄탄 대로를 달릴 것인가를 묻는 그림이다.

후자를 선택한 사람이라면 앞으로 내가 이야기할 내용을 바탕으로 조금만 노력을 기울여라. 하지만 불행히도 전자의 길을 선택한 사람은 상사나 고객에게 노예처럼 얽매여서 마음고생만 하다가 결국 정리해고 대상이 되거나 파산하고 말 것이다.

이렇게 큰소리치는 나 역시 영업을 하면서 정리해고된 아픈 기억이 있다. 그때만 해도 정말 앞뒤 가리지 않고 열

심히 일했다. 새벽부터 밤늦게까지 뛰어다니고 철야도 마다하지 않을 정도로 회사 일에 몰두했다. 하지만 버려질 사람은 언젠가 버려지기 마련이다. 세 살 때 내가 부모에게서 버려졌듯. 당신 또한 그렇게 되지 않으리라는 보장이 없다.

회사에서 근무를 하면 비즈니스 세계의 부모를 섬기게 된다. 부모란 당연히 회사 사장이나 고용주일 것이다. 그 부모가 야무지지 못하면 회사도 엉망으로 굴러갈 수밖에 없다. 마찬가지로 부모가 무책임하면 자식인 당신을 내팽개치고 말 것이다.

따라서 당신은 서둘러 어른이 되어야 한다. 말하지 않

아도 잘 알겠지만 요즘은 그야말로 불확실성의 시대이다. 언제 버려지거나 도태될지 모르는 회사에 기생해서 고생할 것이 아니라 언제 무슨 일이 벌어져도 끄떡없도록 자립할 준비를 해놓지 않으면 안 된다.

앞에서도 언급했지만 나는 보통 사람들은 좀처럼 겪기 힘든 경험을 했다. 그렇기 때문에 이제 좀 달라지고 싶다고 생각하는 당신에게 도움을 줄 수 있으리라 자신하는 것이다. 이제 당신 자신의 가치를 높이는 방법에 대해 이야기하자.

짜증스러운 상황을 벗어나지 않는 한 미래는 없다

서두에서도 언급했지만 철이 들 무렵부터 나는 늘 또래 녀석들에게 괴롭힘을 당했다. 맞고 얻어터지고 그러다가 까무러치기도 여러 번. 하지만 내 입에서는 늘 '두고 보자'는 말이 나왔다.

이런 이야기를 하면 '당신 얻어맞고 살던 시절 이야기는 그만두고 그 중요한 영업비결이나 가르쳐주시지' 하고 짜증낼지도 모른다. 물론 내 어린 시절 이야기는 정말 재미없다. 하지만 그 재미없는 이야기 이면에 바로 진실이 숨어 있다. 그것은 '내가 어떻게 구타에서 벗어날 수 있었는가', 그리고 그렇게 맞으면서도 '너희 두고 보자' 라는 말을 내뱉을 수 있었던 이유는 무엇인가 하는 것이다.

언짢아할지도 모르지만 당신은 지금도 괴롭힘을 당하고 있다. 나는 누구한테 얻어맞은 기억이 없다며 발끈하겠지만, 당신은 이미 상사나 고객으로부터 마음의 구타를 당하고 있다. 그래서 당신은 늘 힘겹고 짜증스러울 것이다.

이제 이 상황에서 벗어나야 한다. 그런데 손놓고 바라고만 있어서는 바뀌지 않는다. 구체적이고 적극적으로 '언제까지 저들에게 괴롭힘을 당할 것인가' '어떻게 바뀔 것인가' 하는 문제를 고민해야 한다. 이 문제가 해결되지 않는 한 당신의 인생에 변화는 없다.

타임머신을 타고 당신의 미래를 들여다보라

내가 녀석들의 주먹다짐을 견딜 수 있었던 것은 머지않아 고등학생, 더 나아가서는 어른이 될 것이기 때문이었다. 그러면 녀석들과 헤어져 다른 세상을 맞이할 수 있으리라는 계산 때문에 묵묵히 참을 수 있었다.

이렇게 '언제까지 참으면 될까' 하는 물음에 명확한 대답만 할 수 있으면 해결책은 있기 마련이다. 물론 지금 당장 답을 내기는 어렵다. 당신은 아직 시기를 예측하는 방법에 익숙지 않기 때문이다. 이제 그 방법에 대해 이야기해보자.

우선 고객을 무시하라

흔히 사람들은 '손님은 왕이다' 라고 한다. 하지만 이는 정말 의미 없는 말이다. 내게는 손님이 왕은커녕 악마 같은 존재였다. 손님은 왕이라는 미신 때문에 엄청난 시련과 비극을 겪어야만 했던 것이다.

도대체 무슨 소리인지 모르겠다면 구체적인 예를 들어보자. 이제 당신은 고객에 대한 투철한 봉사정신으로 열심히 살아온 한 남자의 비극적 말로를 체험하게 될 것이다. 다음은 졸저 《파산의 문턱에서 부활하다》에서 발췌한 글이다.

고객 하나 유치 못하는 무능함

이 모든 이야기는 부끄럽게도 내 경험담이다. 지금이야 광고 마케터라는 자랑스러운 훈장을 달고 있지만 당시만 해도 나는 무능한 직원이었다. 고객 한 명 제대로 유치할 수 없을 정도로 무능했다.

매출을 올려주지 못하는 광고

1998년 11월, 개업 초기에는 '광고만 내면 하루에 문의전화 몇 통은 오겠지, 무조건 친절하고 정중히 대하면 판매가 가능할 거야' 라는 기대감에 충만해 있었다. 최대한의 비용절감을 위해 생활정보지의 무료 광고란을 이용해 광고를 냈다. 역시 내 예상이 적중해 단 한번의 광고로 15통의 문의전화가 왔다. 그런데 이상하게도 매출로 연결되지는 않았다. 설사 주문이 들어오더라도 원가 정도의 명함 인쇄가 고작이었다.

정보가 부족하면 구매로 이어지지 않는다

여러 차례의 시행착오 끝에 주문이 잘 들어오지 않는 이유가 바로 내 광고에 '정보가 부족하기 때문' 이라는 사실을 알아차렸다. 소비자들이 비싼 물건을 구입할 때는 신중해진다는 것을 간과했던 것이다.

당신이 컴퓨터를 산다고 하자. 꼭 컴퓨터가 아니더라도 10만원이 넘는 고가 상품을 살 때를 생각해보자. 단 1~2분 만에 쇼핑을 끝낼 수 있을까. 절대 불가능할 것이다. 내 경우에 전단지나 카탈로그만 보고 절대 물건을 고르지 않는다. 무엇보다 안심이 되지 않는다. 전단지나 카탈로그에는 내가 원하는 정보가 부족하다. 그래서 나는 그 상품에 대한 자료를 여기저기서 구하기도 하고 주위 사람들에게 조언을 듣기도 한다.

그래도 성이 안 찬다 싶으면 몇 번이고 매장으로 달려가 궁금증을 해결한다. 물론 구입 결정은 미정이다. 그렇게 진을 다 뺐다가도 가장 친절하고 정확하게 내가 원하는 정보를 제공해주는 매장이 나타나면 그곳에서 구입을 한다. 어쩌면 나는 그 순간을 즐기고 있었는지도 모른다.

나뿐만 아니라 사람들 대부분은 한두 번씩 이런 경험을 했을 것이다. 컴퓨터 같은 고가의 제품일수록, 그리고 자신이 정말 갖고 싶어하는 물건일수록 그 신중함은 더 심해진다. 가능한 많은 정보를 원하게 마련이다.

정보를 제공하는 전단지를 만들다

나는 다시 '정보제공' 이라는 작전을 세웠다. 객관적인 정보를 제공하는 전단지를 만드는 것이다. 그러기 위해서는 신문지 사이에 끼워서 배포하는 것이 더 진실성 있고 정확도도 높다는 결론을 내렸다.

내가 제공하려는 정보는 전단지의 가격이었다. 1000매, 2000매의 인쇄에 따라 얼마라는 식으로 전단지에 관한 모든 가격을 한눈에 볼 수 있도록 했다. 실제 50만 원에 충분한 전단지를 업자에 따라 100만 원 이상 부르는 경우가 허다했기 때문이다. 이처럼 인쇄물의 적정가격이 아직 정착되지 않은 시기였다. 따라서 '인쇄물의 적정가격을 공개합니다' 라는 내용의 전단지가 상당히 설득력을 지닐 것이라고 믿었다.

상가 중심으로 돌린 전단지의 효과

나는 '신문의 전단지 매수와 상품 가격대에 따라 문의 건수가 결정될 수도 있다'는 설정을 했다. 너무 비싼 상품은 소비자의 주머니 사정 때문에 문의전화가 한 통도 없을 가능성도 배제할 수 없었다.

이런 예상이 얼마나 적중할지 실험을 통해 알아보기로 하고 우선은 상가를 중심으로 6000장의 신문 전단지를 뿌렸다. 그 결과 9통의 문의전화가 왔고 그중 4건의 계약이 성사되었다. 인쇄 가격이라는 정보를 제공하는 전단지였기 때문에 생각 있는 사람들은 보관했다가 두세 달 후에 연락하기도 했다.

전단지를 많이 돌리면 매출이 더 늘어날까

나로서는 신바람 나는 일이었다. 신문 보급소장도 처음 시도치고는 꽤 괜찮은 결과라고 격려했다. 용기를 얻은 나는 새로운 작전을 수립했다. 하지만 그것이 비극의 씨앗일 줄 누가 알았으랴.

나는 확률 게임에 도전했다. '전단지를 많이 뿌리면 문의전화도 많이 올 것이고 그러면 계약 건수도 늘어날 것'이라고 생각했던 것이다. '6000장으로 9통의 전화가 왔으니, 더 많이 뿌리면 문의도 늘어나겠지.' 무조건 매수로 밀어붙여보자는 단순한 생각이었다. 그래서 결국 3만 장을 인쇄했다. 그리고 우선 2주일에 한번씩, 상가를 중심으로 6000장을 최소한 다섯 번은 돌리기로 했다.

하지만 아이러니하게도 예상만큼 전화벨은 울리지 않았다. 맨 처음 한번 타산이 맞았을 뿐 그 이후부터는 완전 적자였다. 오히려 전단지를 돌리면 돌릴수록 문의전화는 줄어들었고, 결국은 수백만 원이나 되는 돈을 길거리에 뿌린 격이 되고 말았다. 하지만 생계가 달린 사업이다 보니 뭔가 대책을 강구하지 않으면 안 되었다.

머릿속에서는 '전단지를 계속 뿌리면 인지도가 높아져서 매상과 직결된다'는 일반적인 상식에 문제가 있었던 것은 아닐까 하는 의구심이 생겼다.

어떻게든 광고 효과를 높여야 한다

기존의 광고 효과에 대해 회의적인 생각을 한 것은 상황이 그만큼 절박했기 때문이었다. 물론 가격 정보를 제공했기 때문에 제법 돈이 되는 주문을 받기도 했다. 하지만 그것도 처음 단 한번뿐, 완전 적자의 쓴맛을 보고 말았다. 하지만 팔짱만 끼고 있을 수는 없었다. 어떻게든 적자를 만회해야 했다.

처음 전단지로 약간의 효과를 보았다는 이유로 흥분해서 성급한 판단을 내린 것은 아닐까. 밤을 새우면서 고민하고 궁리를 했더니 나름대로 정리가 되는 듯했다.

- 구입을 망설이는 사람에게 모든 것을 알려주면 오히려 부작용이 나는 것은 아닐까?
- 고객의 시선을 끌 만한 선전문구는 없을까?
- 전단지 한 장만으로 전화기를 들고 싶을 만큼 참신한 전단지를 만들어야 하지 않을까?
- 무조건 싸게 팔 것이 아니라 가격에 비해 저렴해 보이도록 연구해야 하지 않을까?
- 약간 낡은 전단지가 좀더 저렴하게 보이지는 않을까?

만삭의 아내와 함께 붙인 전단지

다시 전단지를 만들었지만 신문 보급소에 맡길 만한 자금이 없었다. 이마저 실패하면 폐업은 불 보듯 뻔했다. 결국 시내를 돌아다니며 직접 붙이는 길밖에 없었다. 그리고 광고비 절약을 위해 전단지 뒷면에 거래처 광고를 게재하기로 했다. 두 달 동안 2만 장 배포가 계약 조건이었다.

드디어 낮에는 일을 하고 밤 시간을 이용해 전단지를 붙이는 작업을 시작했지만 예상보다 훨씬 고된 작업이었다. 더구나 사무실만 골라서 붙였기 때문에 상당히 많은 시간이 소요되었다. 500장 붙이는데 7시간 이상이 걸렸다. 하지만 거래처와의 약속 때문에 엄살조차 부릴 수 없었다. 밤을 새는 철야작업의 고된 날들이 이어졌다.

그런 내가 보기 안쓰러웠는지 만삭인 아내까지 거들었

다. 주말이나 휴일이면 아예 첫째 아이를 부모님에게 맡기고 둘이서 하루 종일 돌아다녔다.

같은 광고로는 효과를 볼 수 없다

거래처와 한 계약도 계약이지만 나도 나름대로 계산이 있었다. 거래처 사장이 "전단지를 많이 뿌리면 뿌릴수록 효과가 나타날 테니 두세 번이든 계속 붙이는 것이 낫지 않을까요"라고 제안했기 때문에 나는 그것을 검증해보고 싶었다. 내가 생각하는 상식의 의문을 풀기 위해서라도 작업을 포기할 수 없었다. 나는 한 달에 1만 장, 그 다음달에 다시 1만 장을 같은 지역에 뿌려보자는 계획을 세우고 실행에 옮기기로 했다.

막상 작업에 들어가 첫번째 배포작업에서는 나름대로 성과를 보았다. 57통의 문의전화, 약 0.57퍼센트의 반응이 나타났다. 이 정도면 합격이다. 하지만 두번째에는 고작 24통에 0.24퍼센트의 반응에 불과했다.

반응률의 감소를 분석한 결과 지난번 신문 전단지 때와 비슷한 양상을 보였고 거래처에 대한 반응 역시 다르지 않았다. 그때서야 나는 '동일한 전단지를 반복해 뿌리는 것은 아무런 광고 효과가 없다'는 결론을 내리게 되었다.

이는 비단 전단지의 경우에만 한정된 문제가 아니다. 모든 광고 전략에서 처음 나갔을 때의 반응이 가장 두드러

지고, 다음에는 50퍼센트 정도로 감소하며, 세번째 이후부
터는 거의 효과를 기대하기 어렵다. 물론 광고 내용에 변
화를 주면 반응도는 다시 향상될 수도 있다.

어쨌든 같은 내용의 광고나 전단지로는 효과를 기대하
기 어렵다.

무조건 싸다는 것만으로는 부족하다

계속해서 같은 전단지를 뿌리는 것은 아무 의미가 없다는
확신을 얻었다. 그래도 뿌린 매수 때문인지 가끔씩 문의전
화가 오기도 했다. 하지만 그뿐이었다. 문의전화가 매출로
연결되지는 않았다. 매출 없는 사업은 아무 의미가 없다.
더욱 나를 힘들게 했던 것은 전화 내용이었는데 정말 최악
이라 해도 과언이 아니었다.

"전단지 보고 전화하는 건데요, ~는 얼마죠?"

"가격을 물어보시는 건가요, 아니면 그 상품에 대한 견
적서를 원하시는 건가요?"

"우선 가격만 대충 알려주세요."

"그러시군요. ~라면 얼마 정도 되겠는데요."

"그래요? 생각해보고 다시 전화할게요."

"그러시죠, 실례지만 성함과 연락처 좀 알려주시겠습니
까?"

"아직 결정한 건 아니니까 제가 나중에 전화 드릴게요!"

찰칵! 뚜… 뚜….

문의전화가 대부분 이런 식이었다. 다행히 27건의 주문으로 간신히 폐업 위기는 모면했지만 여전히 전화를 받을 때마다 우울해지는 것은 어쩔 수 없었다. 그도 그럴 것이 나는 기계나 컴퓨터가 아닌 감정의 동물인 사람이었다.

이런 전화를 하루에 몇 통씩 받다보면 정말 지겹다는 생각이 들 수밖에 없다. '도대체 상품의 질은 안 따지고 가격만 물어보는 이유가 뭐야!' 하고 혼자 소리를 지른 적이 한두 번이 아니었다. 하지만 내 감정대로 해결될 일은 하나도 없었다. 좀더 냉정해질 수밖에 없었다.

내가 만든 전단지를 뚫어져라 쳐다보면서 '내가 고객이라면 어떻게 문의전화를 했을까'를 고민하기 시작했다. 그리고 해답을 찾았다. 내 전단지는 무조건 '쌉니다!' 라고만 외치고 있었던 것이다. 그것 말고는 다른 어떤 내용도 없었다. 가격만 나와 있는 전단지를 보고 고객들이 가격에만 관심을 보이는 것은 너무도 당연했다.

이야기가 좀 길어졌지만 어쨌든 일반상식만을 맹신했던 나는 쓴맛을 볼 수밖에 없었다. 이는 내 경우만이 아니다. 당신이 다니고 있는 회사 사장에게 물어보아도 아마 같은 경험을 했다고 말할 것이며, 당신 역시 그런 아픔을 맛본 적이 있을 것이다. 그러고는 '모두 불경기니까' 라며 자위했을지 모른다.

다시 처음으로 이야기를 되돌려보자. 당신이 자신의 미래를 구상하고 그것을 구체적으로 형상화하는 작업을 등한시한다면 절대 현재 상황에서 탈출할 수 없다. 눈앞의 돈 몇 푼에 현혹되어 다람쥐 쳇바퀴 돌듯 전전긍긍한다면 당신은 그 개미지옥에서 벗어날 수 없다.

계속 그렇게 살고 싶은가? 아니다. 당신은 '나도 뭔가 특별한 재능이 있을 텐데'라고 생각했을 것이다. 그렇다면 이제는 그 재능을 발휘할 수 있는 환경과 시기만 결정하면 되는 것이다.

그러기 위해서 당신이 가장 먼저 해야 할 일은 지금까지 당신을 옭아매고 있던 '고객'이라는 이름의 유령들을 과감히 털어내는 것이다.

평생 노예로 살고 싶지 않으면 지금 당장 고객을 버려라

'어떻게 그럴 수 있을까' 하고 깜짝 놀라는 것도 무리는 아니다. 하지만 그러지 않으면 당신 삶에 변화는 있을 수 없다. 평생 노예처럼 살고 싶은가? 당연히 아니다. 좀더 여유 있고 멋있는 삶을 원한다면 단 1초라도 지금의 삶이 이어져서는 안 된다.

분명히 말하지만 나는 흰소리꾼이 아니다. 평생 승승장

구했던 경험을 자랑삼아 떠벌리는 사람은 더욱 아니다. 지금 하는 이야기는 모두 과거에 겪었던 쓰라린 기억들이며 나는 이런 아픔과 실패를 반복하면서 성장했다.

진정 자신의 삶이 바뀌기를 원한다면 우선 과감히 버려야 할 것을 선정해라. 그것이 돈이 될 수도 있고 시간이 될 수도 있지만, 좀더 가까운 길로 가려면 그토록 당신을 힘겹게 했던 고객을 과감히 버려야 한다.

돈이나 시간보다 먼저 고객을 버려야 하는 이유는 고객과 신경전을 벌이고 가격 흥정으로 진을 빼다보면, 결국 시간만 낭비할 뿐이고 돈도 벌지 못하기 때문이다. 하루 종일 휴대전화만 불필요하게 울릴 뿐이다.

고객이라는 이유만으로 '이리 와라, 저리 가라' 하인처

럼 부리기나 하고, '이것 좀 해라, 저것 좀 해라' 잔소리와
불평불만만 늘어놓는다. 그러다가 막상 청구서를 내밀면
가격이 비싸니 싸니 하면서 딴지를 걸어오기 일쑤다.

이래서는 지금의 상태에서 벗어날 수 없다. 이제 하늘
처럼 떠받들던 고객을 과감히 청산할 각오를 해야 한다.

당신을 정신없이 몰아붙이는 것들을 모조리 쓸어버려라

예전에 한 친구가 한자 '바쁠 망(忙)'을 풀이하면 '마음
(心)'을 '잃는다(亡)'는 뜻이라고 했다. 혹 당신은 '바쁘다'
는 말을 입에 달고 살지는 않은가? 그렇다면 당신은 늘 당
신의 마음을 망각하고 살아가고 있는 것이다.

자신의 마음을 잃어버릴 정도로 당신을 괴롭히는 것들
이 도대체 무엇인가. 이제 과감해지자. 정신없이 당신을
몰아붙이는 요인들을 모조리 쓸어버려야 한다. 당신이 전
혀 애정을 갖지 못하는 사람들 때문에 항상 '바쁘다'며 마
음을 잃어버리고 살아가는 것만큼 슬픈 일은 없다. 용기를
내어 이런 사람들을 미련 없이 떠나보내자.

당신은 이제 이런 말을 해야 한다.

"지금 너무 중요한 일이 생겨서 매우 바쁩니다."
"당장은 찾아뵐 수가 없겠군요."

너무 중요한 일이란 무엇인가? 다름 아닌 당신 자신의 성장을 위해 시간과 여유를 찾는 작업이다. 진정 변화를 원한다면 우선 당신만을 위한 시간을 가져라. 혹 '어떻게 손님에게 그런 말을 할 수 있을까' 라며 겁을 집어먹는 사람도 있을 것이다. 하지만 좀 심하게 말하면 그런 사람은 '나는 평생 노예로 살겠다' 고 말하는 것과 똑같다.

당신은 자유로워지고 싶은가? 그렇다면 지금 당장 목숨을 건 결단을 내려라. 180도 변화를 원한다면 모든 미련을 버리고 일생일대의 결단을 내리는 길밖에 없다.

스스로 모든 것을 책임지는 자유

먼저 분명히 해두고 싶은 말이 있는데 나는 고독하다. 물론 늘 수많은 사람들에 둘러싸여 즐겁게 생활하고 있다. 하지만 나는 고독하다. 행복에 겨운 소리라고 비웃지 마라. 목이 터져라 외치노니 '자유는 무책임과 방종이 절대 아니다.'

갑자기 이야기가 철학적으로 흐르는 것 같지만 자유를 얻는다는 것은 고독해진다는 의미와 일맥상통한다. 자유라는 특권은 자신의 의지로 책임 있는 행동을 할 수 있는 현명한 성인만이 누리는 선물과도 같다. 그래도 이해가 안 된다면 자유의 사전적 의미를 한번 되새겨보라.

　"자유는 타인으로부터의 강제, 구속, 지배, 간섭 등을 받지 않고 자신의 의지와 본성에 따르는 것, 자신을 통제하는 자율성과 어떤 일에 대해 필연적으로 행동하는 자발성 등으로 대변되며 이에 따르는 능력, 권리, 책임 등도 중요시된다."

　이제 자유에 대한 정확한 의미를 파악했을 것이다. 자유롭다는 것은 자신의 행동에 모든 책임을 진다는 뜻이다. 다시 말해 책임감 강한 사람만이 자유를 누릴 수 있다. 행동과 책임은 불가분의 관계라는 사실을 명심하라. 자, 이제 독불장군이 될 각오가 되었는가?

고객과 일을 모두 버린 독불장군만 살아남는다

이해를 돕기 위해 예를 들어보자. 앞에서도 언급했지만 이 내용들은 순전히 내 경험담일 뿐 아니라 프레스제팬넷(Press Japan Net) 멤버들의 경험담이기도 하다. 쓰라린 경험들을 밑천 삼아 함께 고생한 우리는 이제 모두가 부러워하는 위치에 올라 있다.

　홈페이지 관리만으로 1500만 원 이상의 월매출을 올리는 친구가 있는가 하면, 어떤 녀석은 일주일에 2500만 원을 벌기도 했다. 그중에는 3억 이상의 부채를 가지고 있다가 모두 상환하고 재기에 성공한 사람도 있다. 정말 입이 딱 벌어질 만한 이야기인데, 특이한 것은 이들이 하나같이 독불장군이라는 것이다.

독한 마음으로 일생일대의 결단을 내렸을 때 모든 것이 자신들의 손에 들어오기 시작했다. 물론 결단만 내리고 가만히 앉아 있지는 않았다. 자신의 목적을 위해 철저한 준비도 게을리 하지 않았다. 그런 그들에게 엄청난 결과가 나타난 것이다.

맥 빠지는 소리 같지만 요즘 세상에 일확천금이란 없다. 아이템 하나로 성공할 수 있는 세상이 아니다. 아무리 기막힌 상품을 하나 개발했더라도 변화무쌍한 요즘 같은 세상에 그 수명은 이미 정해져 있다. 실제로 히트를 쳤던 상품들의 수명을 조사하면 알 수 있을 것이다. 어디 좋은 건수 없을까 운수대통을 꿈꾸는 마음은 십분 이해가 가지만 차라리 하늘의 별을 따는 것이 나을 것이다.

물론 꿈꾸는 것은 전적으로 당신의 자유다. 그 자체만 가지고는 어떤 긍정도 부정도 할 수 없다. 하지만 꿈꾼 대로 되는 일이 얼마나 되겠는가. 거의 불가능하다. 단지 꿈만 꾸는 것은 남에게 빌붙어 사는 것밖에 되지 않는다. 유행가 가사처럼 '시간 속에 내 몸을 맡기던 시대'는 이미 끝났다.

너무 건방진 이야기 같지만 이 책을 읽고도 행동으로 옮기지 않는 사람은 평생 노예로 살게 될 것이다. 더는 구

제할 방법이 없다. 지금부터 당신이 해야 할 일들을 차근

차근 풀어보자.

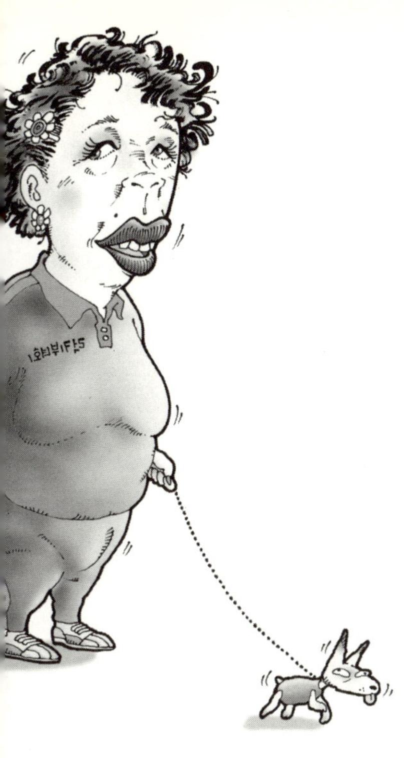

2 포르노 사이트에서 배워라

포르노 사이트에서 배워라

성실한 바보야말로 최후의 승자다

긴말이 필요 없다. 당신은 프로다. 당신이 상품이나 서비스를 팔고 있다면 '나는 지금 초보자'라는 탈출구를 만들어서는 안 된다. 프로이기 때문에 사람들에게 선전을 하고 권유할 수 있다. 프로이기 때문에 장사꾼이 될 수 있다.

너무 뻔한 이야기를 장황하게 늘어놓는다고 하겠지만 의외로 이 부분을 간과하는 사람들이 많다. 대부분의 장사꾼들은 '좀더 많이 팔아야지' '좀더 많은 이윤을 남겨야지' 하는 얄팍한 상술 하나로 밀어붙인다. 물론 장사나 기업의 최종 목표는 이윤 추구이기 때문에 모든 상행위는 판매를 위한 것이라는 사실까지 부인할 수는 없다. 하지만 그것이 전부가 되어서는 안 된다는 말이다.

좀더 냉정하게 현실을 직시해보자. 무조건 '돈, 돈' 하면서 덤벼드는 사람의 삶이 분홍빛일 수만은 없다. '일단 내게 돈을 주세요. 하지만 뒷일은 모릅니다' 라고 떠벌리는 사람을 믿을 수 있겠는가. '지금 당신과 섹스를 하고 싶어. 하지만 뒷일까지는 책임질 수 없어' 라며 다가서는 사람을 신뢰할 수 있겠는가.

결코 그럴 수 없다. '무슨 저런 사람이 다 있지' 라며 무시당하거나 멸시당할 것이다. 마찬가지다. 당신이 지금까지 고집한 마케팅 수법을 계속 밀어붙인다면 바보 취급만 당할 것이다. 구걸하듯 달려들다가는 상대에게 무시당하기 십상이다.

소비자는 당신이 상상하는 것 이상으로 현명하다. 그들은 '저런 상술에 더는 속지 않을 거야' 하는 자기방어 본능으로 무장하고 있다. 소비자는 점점 더 강력한 면역력으로 당신의 상술과 어설픈 동정심 유발에 제동을 걸어온다.

하지만 그 전에 꼭 생각해야 할 문제가 있다.

세상에는 천재와 바보 두 부류가 있다. 무슨 일이든 척척 잘 해내는 사람을 흔히 천재라 부른다. 물론 그렇지 못한 사람은 바보 취급을 당한다. 솔직히 고백하면 나는 후자다. 그래서 차마 말 못할 부끄러운 과거도 있고 실패도 수없이 많았다. 하지만 지금 이 자리까지 올라올 수 있었던 것은 그 실패와 경험을 하나도 빠짐없이 공개했기 때문이다. 내 이야기는 많은 사람으로부터 공감을 얻어 '잘 팔리는 광고를 직접 제작하는 카피라이터, 장사꾼'이라는 별칭도 얻었다.

바보에게는 그 나름의 삶의 방식이 있다. 물론 천재도 마찬가지다. 너무 식상한 이야기 같지만 이 부분이 가장 중요하다. 현재 우리가 접하는 정보의 99퍼센트는 천재들의 입에서 나온 것들이다. 그렇다면 바보들이 세상에서 주목받을 방법은 없는 것인가. 그렇지 않다. 나머지 1퍼센트의 새로운 정보들이 있다.

천재는 늘 성공한다. 따라서 반성도 없고 경험도 없다. 하지만 바보들은 처음에는 늘 실패한다. 하지만 두세 번 실패를 거듭하면서 더는 실패하지 않는 법을 깨우친다. 결국 최후의 승자는 과거의 아픈 경험과 실패를 딛고 일어선 성실한 바보들이다. 늘 실패하고 늘 좌절하는 것 같지만, 바보들은 가슴 속에 진정한 승리의 싹을 틔우고 있었던 것이다.

이제 나의 떳떳한 실패담을 들려주려고 한다.

포르노 사이트에서 배우는 글쓰기 기술

나는 유난히 글 쓰는 재주가 없었다. 안타깝지만 초등학교

때 국어 성적은 언제나 엉망이었다. 선생님은 "도대체 네가 쓴 글은 통 무슨 소린지 모르겠다"며 늘 핀잔을 주었다. 하지만 지금의 나는 어떤가. 어떤 누구보다 글 쓰는 데는 자신 있다. 내가 뽑은 카피 한 줄로 매출이 쭉쭉 오른다. 그렇다고 글을 철학적으로 쓴다거나 미사여구로 치장하지는 않는다. 내 홈페이지에서 확인할 수 있겠지만 어디서나 흔히 볼 수 있는 평범한 것들이다:

독후감 하나 제대로 쓰지 못하던 내가 어떻게 그런 글을 쓸 수 있었는가? 이제 그 베일을 서서히 벗겨보자.

글은 훈련 여하에 따라 충분히 효과를 거둘 수 있다. 훈련 방법만 잘 선택하면 더는 매출 걱정은 하지 않아도 된다. 훈련이라고 하니까 무척 힘들 것 같지만 그런 걱정은 붙들어 매라. 당신을 글쓰기의 달인으로 만들 확실한 교재가 있다. 게다가 값도 공짜다. 매출을 보장하는 글쓰기를 배울 수 있다는 것만으로도 놀라운데 공짜라는 사실에 어리둥절할 것이다.

이미 소제목을 통해 짐작했겠지만 그 교재는 바로 포르노 사이트다. 이게 무슨 아닌 밤중에 홍두깨 같은 소린가! 하지만 일반인들이 체험 후에 인터넷에 올린 소감문이 바로 우리가 활용할 교재다.

분명히 못박아두지만 우리에게 필요한 것은 사람들이 쓴 감상문이다. 괜히 딴 데 심취해 흥분해서는 안 된다. 부

인이나 애인과 행복한 체험을 한 후 써내려간 그들의 고백
들을 읽는 것이다.

내용을 읽다가 그들이 가장 솔직하고 감정적으로 표현
한 부분이 나타나면 바로 그것을 복사해서 저장해두라. 한
번 읽는 것만으로는 훈련이 되지 않기 때문에 무조건 복사
해서 정리해두라. 두고두고 읽으면서 사람들이 어떤 때 가
장 본능적이고 순수해지는지를 파악하는 것이다.

교과서에 나올 법한 문장으로는 안 된다

나를 이상하게 볼지도 모른다. 하지만 당신이 지금 읽고
있는 이 책 역시도 포르노 사이트를 통한 훈련 덕분이다.

하나도 부끄러워할 것 없다. 공부한답시고 어려운 책만 골라 머리에 쥐나도록 읽으면서 고생해봤자 아무 소용없다. 차라리 이렇게 흥미롭고 재미있는 테마를 정해놓고 꾸준히 훈련하는 것이 경제적이고 효과적이다.

어려운 책을 붙잡고는 한 시간도 앉아 있지 못한다. 어차피 해야 할 공부라면 좀더 재미있고 즐거워야 하지 않겠는가. 사이트에 올라 있는 감상문을 대화체로 자연스럽게 읽으면서 익숙해지도록 하는 것이 학습 포인트다.

대화체로 읽어야 하는 것은 고객이 일상에서 주로 사용하는 문체와 단어를 파악해야 그 심리상태를 이해할 수 있기 때문이다. 교과서에나 나올 법한 문장은 고객들이 이해하기도 쉽지 않을 뿐더러 인상적이지도 못하다. 그러므로 '재미있다'고 느낄 수 있는 평범한 감상문을 선택해 공부하는 것이 가장 확실한 방법이다.

솔직히 앞에서 인용한 《파산의 문턱에서 부활하다》도 포르노 사이트를 보면서 쓴 것이다. '참 성격 이상한 사람'이라고 오해할 수도 있지만 나는 정말 바보다. 혼자 힘으로는 글 한 줄도 쓸 줄 모르기에 '지금 너무 바쁜 일이 있다'며 고객을 거부하면서까지 4개월이나 매달려야 했다.

물론 주변 사람들도 나를 바보라고 하며, 그런 글 써봤자 돈도 안 된다고 극구 제지했다. 때로는 손님에게서 '감히 주문을 거부하다니, 폭삭 망해버려라' 하는 식의 막말까지도 들었다. 하지만 결국 나는 해냈다. 믿을 수 없다면 이런저런 생각을 버리고 당장 실험해보라. 이제부터 내가 하는 말은 고독과의 싸움을 이겨내고 독불장군이 될 수 있는 사람만이 이해할 것이다. 그리고 그런 사람만이 끝내 승리의 환희를 맛볼 수 있을 것이다.

대박법칙을 위한 문장 만들기 기본공식

글쓰기가 훈련 여하에 달렸다고는 하지만 최소한 포르노 사이트의 감상문을 보고 내용을 제대로 분석하는 능력 정도는 있어야 확실한 효과를 얻을 수 있다. 물론 내가 수많은 좌절과 실패를 미리 겪었기 때문에 당신에게 성공을 향한 지름길을 제공할 수 있음을 다행으로 생각한다.

우선 내가 어떤 식으로 학습방법을 체계화했는지 공식을 소개한다. 이 공식만 확실히 숙달하면 당신도 나처럼 고객의 심금을 울리는 글을 쓸 수 있을 것이다.

대박법칙을 위한 문장 만들기 기본공식

기(起) : 고객에게 다가가게 된 동기(원인, 동기)

승(承) : 고객의 신뢰를 유발(승인)

전(轉) : 고객과의 의견교환을 통해 자신 쪽으로 방향전
환 유도(전환)

결(結) : 모든 결론은 ~(자신의 회사명 또는 상호명)으로 통한다(결론)

별 것 아니라고 말할 정도로 간단한 공식이다. 이렇게 기승전결 형식에 맞춰 쓰면 된다. 만약 당신이 '그 정도는 상식 아닌가?' 라고 한다면 정말 다행이다. 하지만 내가 제시한 이 공식은 당신이 알고 있던 기존의 기승전결 형식과는 전혀 다른 것임을 알아야 한다.

이제 본격적인 설명으로 들어가자.

두세 줄짜리 문장을 만들어보자

내가 말하려는 것은 일반적인 문법이론이 아니다. 물론 그것을 무시할 수는 없지만 그 속에 숨어 있는 진짜 알맹이를 찾아야 한다. 내가 기승전결로 글을 쓰라고 하면 간단한 일이라고 코웃음을 치겠지만 그렇게 쉽지는 않다.

다음의 도표를 보면서 각 단계별로 짧은 문장을 만들어보라. 갑자기 긴 글을 쓰려면 버겁기 때문에 두세 줄 정도의 짧은 문장으로 시작하라. 우선 '기'에서 '결'까지 빈칸을 메우는 작업부터 시작하자. 그러고서 마지막 결론 부분을 다음 쪽의 기로 끌어올린 뒤 다시 승, 전, 결 부분을 써나간다. 자신감이 생길 때까지 이 과정을 반복하라.

세 줄짜리 문장 만들기 1

起(기) – 원인 지금부터 ~에 대해 이야기하고자 한다.

＊상대방의 욕구와 당신이 제시하려는 내용이 일치하도록 정리한다.

承(승) – 승인 왜냐하면~

＊고객이 이 글을 읽어야 하는 이유에 대한 근거와 증거를 제시한다.

轉(전) – 전환 ~이란 어떤 것인가 하면

＊고객의 고민을 대변하면서 이야기를 전개한다.

結(결) – 결론 이제 결론은 ~뿐이다(충격적인 사실 제시).

＊이 단계까지 왔다면 이제 다음 쪽으로 넘어간다.

세 줄짜리 문장 만들기 2

起(기) – 원인 앞 단계의 결론 부분이 그대로 온다.

＊앞 단계의 결론 부분을 이번 단계에서는 동기로 내세운다.

承(승) – 승인 왜냐하면~

＊주장에 대한 근거와 증거를 제시한다.

轉(전) – 전환 좀 더 구체적으로 이야기하면

＊고객의 고민을 대변하면서 이야기한다.

結(결) – 결론 그러므로 결론은 ~(당신의 회사명)이다.

이 과정을 기초로 해서 글을 쓰면 확실히 매출이 오른다!

이런 식으로 각 단계마다 두세 줄짜리 문장을 메워나가면 매출 향상은 걱정할 필요가 없다. 이때 명심해야 할 사실은 기술을 익혀나가는 것과 국어 성적은 전혀 무관하다는 것이다.

다시 한번 말하지만 글쓰기는 훈련이다. 물론 당장은 감(感)이 오지 않을지도 모른다. '좀더 생각하고 하겠다' 며 망설이는 것을 이해하지만 어쨌든 빠른 시일에 성공하고 싶다면 한시라도 빨리 시행착오를 거치고 실패를 맛보는 것이 좋을 것이다.

난 못한다며 포기해버린 당신에게

정말 유감스러운 사실은 '글쓰기는 정말 어려워' '어떻게 이 많은 칸을 다 메우지' 라며 지레 포기해버리는 사람들이 많다는 것이다. 하지만 이렇게 자기변명만 늘어놓고 있어서는 아무것도 할 수 없다. 물론 글을 쓴다는 것은 어렵고 자신과 상관없는 일이라는 선입견이 드는 것도 무리는 아니다. 하지만 바로 당신 앞에 기승전결 도표까지 만들어두지 않았는가. '난 못해' 라는 이야기는 이제 변명에 불과하다.

글을 쓴다는 것은 재주가 아니라 '과거의 경험을 바탕으로 정리하는 것' 이다. 게다가 두세 줄씩만 쓴 후 조합하면 된다. 비즈니스 실용서적을 읽은 사람이라면 공감하겠지만 이렇게 간단히 글을 쓸 수 있는 노하우는 없다. 약간의 훈련으로 자신이 직접 공고문을 쓰고, 그것이 매출상승으로 이어진다는 사례는 어디에도 없었을 것이다.

그런데도 여전히 '어려워서 난 못해' 라는 사람들은 우선 나는 왜 글쓰기를 어려워하는가를 고민해야 한다.

경험이 곧 글 쓰는 기술이다

한마디로 말하면 경험이 없는 사람은 글을 쓸 수 없다. 단순히 '장사가 잘 되면 좋겠다' '돈을 많이 벌고 싶다' 는 마음만으로 모든 것이 해결될 수 있을까? 경험이 없으면서 자신의 상품에 대한 집착만으로 성공할 수 있을까?

이 질문에 거침없이 '아니오' 라고 대답하지 못한다면 당신은 경험이 없다는 증거다. 내 이야기에 '절대 아니야' 라며 발끈하는 사람도 있을 것이다. '내가 이 업계에서만 몇 년인데 경험에 관해서만은 자신 있다' 며 얼굴까지 붉히며 대드는 사람도 있을 법하다. 분명히 말하지만 그런 것은 경험이 아니다. 거품경제가 만들어낸 '연공서열(年功序列)' 의 잔재에 불과하다. 신선놀음에 도끼자루 썩는지 모르는 시대의 낡은 소리에 불과하다.

경험은 '실제로 써보고, 해보고 나서야 비로소 얻을 수 있는 지식과 기술'이다. 내가 말하는 '성실한 바보'는 그런 면에서 자신의 상품에 절대적으로 자신 있다는 말을 하지 못한다. 자신이 아직 직접 써보지 못한 상품에 대해 자신도 아직은 신뢰감을 갖지 못했기 때문이다. 하지만 결국 성실한 바보가 성공한다.

성실한 바보는 스스로 소비자의 경험을 한 후에야 자신 있다는 말을 한다. 이것은 성실한 바보만이 갖는 특권이기도 하다. 이러한 경험이 소비자들에게 정확하고 진솔하게 전해졌을 때 비로소 당신의 인생은 달라질 것이다.

3 왕 대접하고 싶은 고객만 만나라

왕 대접하고 싶은 고객만 만나라

앞에서 나는 이런 말을 했다. '손님은 왕이 아니라 악마 같은 존재다. 그러므로 이젠 과감히 그들을 포기하라. 그렇지 않으면 당신은 무엇에도 새롭게 도전할 수 없다.'

어째서 고객이 악마인가. 그렇다면 왕처럼 떠받들고 싶어지는 손님은 도대체 어디 있다는 것일까?

이제 그 부분에 대해 이야기해보자.

가장 이상적인 고객을 지정하라

비즈니스 실용서적들을 보면 '단골고객을 만드는 것이 중요하다'는 말이 나온다. 그러기 위해서는 정기적으로 엽서를 띄우거나 전화하는 작업을 게을리 하지 말라는 충고도 아끼지 않는다. 물론 안 하는 것보다 낫겠지만 그렇다고 단골이 생기는 것은 아니다. 나는 여태껏 그렇게 귀찮은 짓은 한번도 해본 적이 없다. 기본적으로 전화는 물론 엽서 한 장 보내지 않았다. 더군다나 매출에 급급해 조바심을 내본 적도 없다. 한마디로 말하면 내 사업방식은 수수방관이라 해도 과언이 아니다.

사실 그렇게 멋대로 굴다가는 망하고 말 거라는 충고도 많이 들었고, 전화를 안 받을 때가 더 많으니 어떻게 된 거냐는 질책도 수없이 받았다. 하지만 아이러니한 것은 문의전화가 끊이지 않는다는 점이다. 광고 하나 만들어달라는 주문이 끊임없이 쇄도한다. 몸은 하나뿐이니 의뢰를 다 받아들일 수 없어 불가피하게 거절하는 경우도 많다. 하지만 '그래도 어떻게 안 되겠냐'며 매달리기까지 하는 고객도 있다.

도대체 어찌 된 일일까. 여기에는 엄청난 비밀이 있다. 결론부터 말하면 나는 내가 상대하고 싶은 사람, 즉 '왕처럼 모시고 싶은 고객'만 만난다. '최고의 상품과 서비스를 최고의 고객에게 제공한다'는 내 경영철학을 바탕으로 그에 합당한 고객만을 선별하는 것이다. 그렇기 때문에 내가 먼저 전화를 걸지 않아도 '일을 맡기고 싶다'며 문의하는 고객이 대부분이다. 나는 수익도 올리고 '고맙다'는 답례까지 받는다.

다른 회사에서는 절대로 제공할 수 없는 '경험에 근거한 가치'를 제공하고 있기 때문에 자동적으로 주문이 들어올 수밖에 없는 것이다. 이런 이야기를 하면 내가 그저 '운이 좋았을 뿐'이라며 믿지 않는 사람도 있다. 그도 그럴 것이 불과 몇 년 전까지만 해도 이런 일을 나조차도 꿈꾸지 못했다. 파산 직전까지 내몰렸던 내가 '주문이 파도처럼 쇄도한 지경'이라는 말을 하리라고는 누구도 상상하지 못했을 것이다.

대체 어찌 된 영문일까?

사실은 너무나 평범한 자문자답을 통해 양질의 고객을 확보해 나간 것이 성공 비결의 전부다. '왕 대접을 해주고 싶은 멋진 고객'은 어떤 사람인가. 이 물음에 분명한 정의만 내릴 수 있다면 성공은 손에 쥔 것과 다름없다. 우량 고객에 대한 명확한 정의를 내리고 이를 기준으로 광고문을 작성한다면 비용은 물론이고 당신의 사업은 승승장구할 것이다. 좀더 정확히 말해 당신이 원하는 고객이 누구인지만 확실히 파악하면 전단지를 돌릴 필요도 없이 손님이 모여든다. 이 얼마나 기가 막힌 고객 발굴 작전인가.

생각 여하에 따라서는 당신이 왕처럼 떠받들 만한 손님을 찾아낸다는 것이 진부하거나 아니면 너무 어려운 일은 아닐까 하고 두려워할 수도 있다. 하지만 약간의 시간을 투자해 다음 질문에 분명히 대답할 수만 있으면 당신은 성공의 문턱에 들어서게 될 것이다. 이제 그 수수께끼를 풀어보자.

왕처럼 모실 만한 멋쟁이 고객은 누구인가

1단계 : 대체 왕 대접을 받을 만한 사람은 누구인가
너무 갑작스럽기는 하지만 곧바로 당신에게 던지는 질문이다. 당신에게 왕 대접을 받을 수 있는 사람은 어떤 사람들일까? 망설이지 말고 당신의 이상형을 떠올려보자. 이상형이라고 해서 그림의 떡 같은 존재가 아님을 명심하라.

· 가만히 앉아 있어도 정기적으로 주문을 하는 고객
· 가격을 흥정하지 않는 고객

대부분의 사람들이 이상적으로 생각하는 고객은 바로 이런 고객이다. 그렇다. '왕 대접을 해주고 싶은 고객'이란 바로 '당신의 이상형'이다. 당신을 이해하고 인정하는 고객을 모으는 것, 그것이 성공의 열쇠다.

2단계 : 당신의 이상형이 될 가능성이 높은 사람은 누구인가
이제 1단계의 질문에 자신 있게 대답할 수 있으리라 믿는다. 그런데 간혹 '왕처럼 떠받들고 싶은 고객이란 단골고

객’ 이라고 착각하는 사람이 있다. 틀린 대답이라고는 할 수 없지만 반드시 그렇지만은 않다.

결론부터 말하면 당신이 고객유치에 고전하는 이유는 무조건 단골고객을 많이 확보하려고 하기 때문이다. 이런 노력만으로는 절대 답이 나오지 않는다. 이번에는 질문의 각도를 약간 바꿔보자.

Question 당신의 이상형이 될 가능성이 높은 사람은?

이제 이 질문만 확실히 통과하면 당신 자신의 성공을 보장해줄 영업의 핵심부분을 완성할 수 있다. 따라서 자연적으로 단골고객도 줄을 이을 것이다. '말도 안 돼!' 라며 고개를 돌릴지도 모르지만 정말 바로 고객이 몰려든다.

1단계 질문에 자신 있게 대답한 당신은 자신의 이상형에 대해 구체적인 고민을 시작해야 한다.

가만히 있어도 정기적으로 주문할 만한 사람은 누구인가

미안한 이야기지만 장사나 사업에 실패한 사람 열에 아홉은 이 질문 앞에서 머뭇거린다. 그럴 수밖에 없는 것이, 지금까지 그들은 '누구든 내 물건을 사주기만 하면 좋아' 라고 생각했기 때문이다.

나 역시 그런 경험을 많이 해서 잘 알고 있는데 결국 그런 생각으로는 '대박법칙' 을 터득할 길이 없다. 간신히 동종업계의 경쟁사와 어깨를 나란히 할 수는 있겠지만, 결국 아무리 노력해도 안 된다는 악순환만 되풀이할 뿐이다.

'아무나' 라는 발상은 절대 금물이다. 세상사람 모두에게 사랑받으려는 노력보다는 당신의 이상형을 찾아나서는 쪽이 훨씬 승산이 있다. 내 경험상으로도 이 방법이 가장 빠르고 확실한 지름길이었다.

가격 흥정을 하지 않을 사람은 누구인가

예를 들어 당신이 정수기를 구입한다고 하자. 누구를 통해 어디에서 사겠는가. 인간 심리학을 근거로 살펴보면 대부분 다음 두 가지 행동양식으로 나뉜다.

· 친구나 친척 같은 아는 사람을 통해서 구입한다.

· 광고지나 카탈로그를 보고 '왠지 좋을 것 같은' 느낌
이 드는 곳에서 구입한다.

당신은 어느 쪽에 속하는가? 이야기가 약간 어려워지는
감이 있지만 우선은 선택한 각각의 논리와 이유를 생각해
보자.

인간은 누구나 이상한 것에 속지 않으려는 자기방어 본
능을 가지고 있다. 따라서 친구나 친척을 통해 정보를 수
집하려고 한다. 만약 친구가 그 물건을 직접 팔고 있다면
걱정할 것도 없다. 하지만 아무리 수소문해도 정보를 제공
할 만한 사람이 없을 경우에는 하는 수 없이 전단지에 눈
길이 쏠린다. 그런데 유감스럽게도 대부분의 전단지가 그
렇듯 저마다 '우리 상품이 더 쌉니다' 만을 외치고 있다.
오로지 '쌉니다!' 라고만 외치니 당신 역시 '얼마예요?' 라
는 질문밖에 던질 수 없다.

하나같이 가격으로만 승부하기 때문에 소비자의 판단
기준 역시 가격이 되어버린 지 오래다. 그래서 가격 전쟁
이 일어난다. 그리고 고객들은 가격만으로 승부하려는 당
신을 무시하고 노예 취급하기 시작한다. '물건 구입할 테
니 그럼 싸게 줘' 하는 식으로 으름장을 놓는 사람도 있다.

반면 친구나 친척을 통해 구입할 때는 어떤지를 생각해
보자. 적어도 앞의 경우와는 달리 하인 다루듯 하지는 않

는다. 보통은 '알아서 하라'고 말한다. '싸게 주면 고맙지만 그래도 장사인데 너도 좀 남아야지' 하는 말을 들은 적은 없는가?

바로 그것이다. 사람은 누구나 믿음이 가는 사람에게 물건을 구입하기를 원한다. 신뢰만 생긴다면 다소 비싸더라도 망설임 없이 지갑을 열 것이다.

상식 수준을 체크해 전략 세우기

무슨 수수께끼 책도 아니고 왜 자꾸 문제를 내는 거냐고 생각할지 모르지만, 한 문제만 더 풀어보자. 당신이 맞으면 O표, 아니면 X표를 해라.

· 손님은 왕이다 – (   )

· 손님의 필요와 욕구를 확실하게만 파악하면 매상은
저절로 오른다 – (   )

· 손님은 물건만 좋으면 무조건 산다 – (   )

막상 읽어보면 알겠지만 너무나 뻔한 소리다. 서점 가
득히 진열된 비즈니스 실용서적들에서 항상 나오는 말들
이기도 하다. 한마디로 상식이고 사회적 진리라는 소리다.
고객에게 최선을 다하면 장사가 잘 된다. 손님의 필요와
욕구를 잘 파악하면 매출 신장은 당연하다. 물건이 좋아야
손님이 모여든다. 사람들은 대부분 이렇게 생각한다.

물론 고객의 필요와 욕구를 충족시키는 것도 중요하다.
제대로만 할 수 있으면 그보다 좋은 일이 또 어디 있겠는
가. 하지만 그것이 전부는 아니다. 고객을 왕처럼 대하고
좋은 물건을 갖춰놓았다고 해서 부자가 될 수 있겠는가.
이는 그저 매출을 끌어올리기 위한 필요 요건 가운데 하나
일 뿐이다. 따라서 안정적인 매출을 기대하기란 어렵다.

무엇보다 중요한 것은 '고객은 어떤 존재인가'를 분명
히 정의하는 것이다. 이 문제를 해결하지 못한 채 이런저
런 궁리를 해봤자 해결되는 것은 하나도 없다. 상식적인
고민은 상식적인 결과를 낳는다. 따라서 '왕 대접을 받을
자격이 있는 고객'에 대한 정의를 확실히 정립하는 작업

이야말로 성공의 열쇠를 거머쥐는 최고의 방법이다.

고객과 의뢰인 구별하기

만약 당신에게 '고객(customer)과 의뢰인(client)의 차이점에 대해 말해보라'고 한다면 자신 있게 답할 수 있을까? 아마 대부분의 사람들은 머뭇거릴 것이다. 혹은 알듯 모를 듯 알쏭달쏭해 할지도 모른다. 도대체 두 단어가 어떻게 다르다는 것일까. 언뜻 보면 같은 의미인 것 같지만 사전을 찾아보면 분명한 차이를 발견할 수 있다.

- 고　객 : 상품이나 서비스를 구입하는 사람, 즉 단순한 소비자.
- 의뢰인 : 어떤 고민이나 문제를 안고 찾아오는 사람을 상담해주는 일, 또는 해결을 의뢰하는 사람.

그래도 정확하게 구분하지 못하는 사람이 있을 것이다. 한마디로 말하면 신뢰할 수 있는 상담자와 의뢰인의 관계를 강조하고자 하는 것이다. 그렇다면 신뢰할 수 있는 사람이란 어떤 사람인가.

당신과 나의 관계를 예로 들어보자. 당신이 내게 광고 만들어달라고 의뢰했다. 이때 내가 "예, 알겠습니다. 감사

합니다"라고 말하고는 당신의 요구에 따라 광고를 만들어 주었다면 내게 당신은 그저 '고객'일 뿐이다. 하지만 당신 이 진정 원하는 것이 무엇인지를 파악하고 궁극적인 결과 까지 이끌어준다면 당신과 나는 의뢰인 관계에 있다고 할 수 있다.

즉, 당신이 진정 원하는 것은 광고 자체가 아니라는 이 야기다. 좋은 광고를 통해 '돈을 많이 벌고 싶다'는 것이 당신이 노리는 최종 목표다. 그러한 '수단'으로 광고 제작 을 했을 뿐이다. 따라서 사업주인 내가 고민해야 할 것은 멋진 광고를 만드는 것이 아니라 의뢰인인 당신의 궁극적 인 목표 달성을 위해 어떤 소임을 다할까 하는 점이다.

구체적인 예로 광고비를 최소화할 수 있는 고객유치 방 법을 제공하거나 각종 자료를 보내줄 수도 있다. 경우에 따라서는 수시로 전화상담을 해주어도 좋고, 고객이 원하 는 정보가 담긴 인터넷 사이트를 알려주는 것도 좋은 방법 일 것이다.

이제 고객과 의뢰인의 차이에 대해 나름대로 정의가 내 려졌을 것이다. 사업주는 '고객'을 상대로 '상품이나 서비 스'만을 판매하는 것이 아니라, '의뢰인'을 위해 그가 바 라는 '최종 결과'까지도 볼 줄 아는 능력을 길러야 한다. 그 과정 가운데 하나가 상품과 서비스 제공이라는 점을 명 심한다면 당신은 머지않아 성공가도를 달릴 것이다.

공감을 통해 신뢰를 얻어라

"유조 씨는 참 이상하군요. 광고를 만드는 것도 아니고, 그렇다고 성공 기술만을 가르쳐주는 것도 아니고……"라는 말을 들은 적이 있다.

그렇다면 예를 하나 들어보자. 문구점을 하는 당신 가게에 어떤 손님이 크레파스를 사러 왔다. 크레파스라면 그리 비싸거나 귀한 상품이 아니다. 하지만 당신은 단순히 손님에게 크레파스를 팔고 돈을 받는 것에 그쳐서는 안 된다. 그것이 바로 손님을 의뢰인으로 인정하는 것이다. 그렇다면 문방구에 들린 의뢰인의 최종 목표와 결과는 무엇이겠는가. 말할 것도 없이 그림을 그리는 행위다. 즉 그런

것을 원하고 있다는 사실을 명확히 해야 한다.

대부분의 사업주들이 쉽게 저지르는 오류가 '상품판매 만을 기준으로 생각한다'는 점이다. 이래서는 '의뢰인이 아닌 고객' 밖에 만날 수 없다. 상품과 돈이 오가는 바로 그 순간 고객과의 만남은 끝나버리는 것이다.

현명하고 성공적인 사업주를 꿈꾼다면 의뢰인이 바라는 최종 목적을 간파하여 당장 이익이 없더라도 좀더 멀리 내 다보는 능력을 키워라. 의뢰인도 가게 주인이 자신과 공통 의 목적의식을 갖고 있다는 것을 알면 신뢰를 느낄 것이다. 이는 확실한 의뢰인으로 연결되는 효과로 이어질 것이다.

내가 팔고 있는 것은 상품이 아니다

다시 당신이 판매하는 상품으로 돌아가서 이야기해보자. 가장 중요한 점은 '나는 상품을 팔고 있는 것이 아니다'라 고 단언할 수 있어야 한다는 것이다. 다음 공식을 이용하 면 내 말을 이해할 수 있을 것이다.

5W1H를 이용한 의뢰인 파악법(WHAT)
· 의뢰인은 ~(상품명)을 원하는 것이 아니다.
· ~한다는 행위를 하기 위해서다.
· 한마디로 ~라는 체험을 하고 싶을 뿐이다.

만족감의 공유는 기쁨을 나누는 것

다시 크레파스 이야기를 '5W1H 의뢰인 파악법'에 대입해보자.

- 의뢰인은 '크레파스'를 원하는 것이 아니다.
- '그림을 그린다'는 행위를 하기 위해서다.
- 한마디로 '그림을 그리는' 체험을 하고 싶을 뿐이다.

경우에 따라서 두번째와 세번째의 의미가 중복될 수도 있다. 자신이 필요성을 느껴 크레파스를 구입한 후 직접 체험하는 경우가 그렇다. 인간은 누구나 자기만족을 위해 자발적으로 움직인다는 이론을 뒷받침한다. 하지만 그렇지 않은 경우도 있다. 누군가에게서 선물을 받았을 때 선물을 준 사람은 자신의 욕구를 상대방과 공유하려는 심적 상태, 즉 만족감 공유 상태를 보인다.

그렇다면 만족감 공유의 정확한 의미는 무엇일까. 사전적 의미로 본다면 '제3자와 기쁨을 나누는 것'이라 할 수 있다. 당신 또한 '아, 그렇구나'라며 무릎을 칠지도 모르겠다. 하지만 과연 그것이 전부일까? 사전은 가장 보편적이고 표면적인 설명만 제공할 뿐 인간 본연의 심리 상태까지 일일이 적지는 않는다.

내가 경험한 인간 심리에 따르면 사람은 제3자를 통해 자기만족을 유도하려는 경향이 있다. 즉 스스로 할 수 없는 일을 상대를 통해 보상받으려고 한다. 그러기 위해서 상대방도 기뻐할 수 있는 형식을 통해 자기 합리화를 하는 것이다.

돈도 벌면서 인사까지 받는 신뢰관계를 구축하라

비즈니스 실용서적에 빠짐없이 등장하는 글 가운데 하나가 '고객을 선별하라'는 내용이다. 물론 양질의 고객을 선별하는 효과 이외에는 아무런 의미가 없다. 상품 판매라는 최종 목표가 있는 한 아무리 선별해 멋진 고객을 만났다 하더라도 그 만남은 일회성에 불과하다.

이런 현상이 발생하는 것은 사업주와 의뢰인이 공통의 목표를 향한 우호관계를 구축하려는 자세가 부족하기 때문이다. 또한 각자의 진심을 이해하려는 노력이나 친한 친구를 대하는 듯한 신뢰감이 결여되어 있는 탓이기도 하다.

'모든 것은 고객 입장에서'라고 강조하는 사람들이 많지만 대부분 말뿐이다. 그들에게는 오로지 물건을 판매하는 것이 궁극적인 목표이기 때문에 계속 문제의 본질을 벗어난다. 이런 사람들은 고객과 일회성 만남으로 그치기 때문에 계속해서 '신규고객 창출'을 외칠 수밖에 없다.

같은 이야기를 반복하지만 의뢰인이 희망하는 최종 목표를 최대한 빨리 포착하고 그 결과를 좀더 멀리 내다보는 자세가 필요하다. 그러면서 의뢰인과 공통의 목적의식을 가지고 찬찬히 대화의 시간을 가져라. 그러는 동안 의뢰인은 '이 사람은 내게 꼭 필요한 사람'이라는 생각과 함께 지속적인 만남을 희망하게 될 것이다.

앞에서도 말했듯 의뢰인은 상품 구입이 최종 목표가 아니다. 당신과 지속적인 우호관계만 유지하면 고정적인 수입도 확보될 수 있다. 그로 인해 당신은 안정된 사업과 생활을 누릴 수 있다는 사실을 명심하자.

간혹 물건 판매가 최종 목표는 아니라고 하면서 금전적 부분을 중시하는 것 아닌가 하는 오해를 받기도 하는데 물론 이해가 가는 부분이다. 하지만 나는 의뢰인에게 금액 이상의 가치를 제공한다. 단순히 현금을 모으는 일에 집착하는 것이 아니라 나와 의뢰인 모두에게 '득'이 되는 정보와 서비스를 제공하는 것이다.

멋쟁이 의뢰인을 지정하는 방법

이번에는 의뢰인을 확보할 때 필요한 요소들에 대해 이야기해보자. 우선은 '의뢰인이 될 가능성이 높은 사람은 누구인가'를 정의하는 방법이다. 이때 기준이 되는 것은 '자기만족의 방법'이다. 이는 크게 자신을 위해 스스로 행동하는 경우와 제3자를 통해 실현하는 경우 두 가지로 나눌 수 있을 것이다.

가족 구성원을 예로 들어보자. 너무 막연한 관계보다는 최대한 구체적인 관계로 생각하는 것이 훨씬 이해가 빠르다. 다음으로는 어떤 목적을 달성하고자 하는가에 대해 고찰해야 한다. 앞에서 언급했던 크레파스로 이야기해보자.

5W1H를 이용한 의뢰인 지정법(WHO)

어머니가 아이를 위해 크레파스를 산다.

때에 따라 아버지나 어머니 누구라도 괜찮다. 이제 '왜 그런 행동을 하는가' 하는 부분을 정리할 차례다.

5W1H를 이용한 의뢰인 지정법(WHY)

손자에게 할머니 자신의 초상화를 그리게 하려는 목적을 달성하기 위해서다.

이런 식으로 인간관계를 근거로 정리하면 그렇게 막연하지는 않을 것이다. '누가 행동하는가' '누구와 목적을 달성하려고 하는가'를 파악할 수만 있으면 일회성 고객이 아니라 멋쟁이 의뢰인을 유치할 수 있다.

모든 출발점은 당신 자신을 비롯한 생활과 밀착된 부분임을 잊지 말자.

매출을 향상시키는 광고의 세 요소

이제는 어느 정도 이해가 되었으리라 믿는다. 하지만 다시 한번 강조하는 의미에서 요약하면, 가족이나 친구처럼 구체적 실명을 들어가면서 범위를 좁혀나가는 것이 의뢰인 지정을 위한 가장 확고한 훈련법이다. 자신에게 질문하고 스스로 답변하는 동안 당신은 해답을 찾을 수 있다.

이 부분을 확실히 이해했다면 당신은 더는 '고객을 선별해야 하는데……' 라는 고민을 할 필요가 없다. 또한 상대가 누구든 '내 물건만 사면 그만이야' 라는 어설픈 장사꾼 흉내를 내지 않아도 된다.

그렇다면 광고에 대해서도 어느 정도 문제점을 지적하는 능력이 생겼을 것이다. 광고는 외관이나 사진, 디자인이 좀 뛰어나다고 해서 큰 효과를 볼 수 있는 것은 아니다. 누구에게 전달하고 싶은가? 무엇을 전달하고 싶은가? 반드시 전달해야 할 이유는 무엇인가? 이러한 중요한 요소들이 분명히 정립되어 있어야 한다. 의뢰인에게 이 세 가지가 분명히 전달되었을 때 광고는 비로소 제 기능을 다하는 것이다. 매출은 그 결과로 자연스럽게 일어나는 현상에 불과하다.

4 당신도 영웅이 될 수 있다

송혜교에게 만나고 싶다는 말을 들으려면
상품이 아니라 사명감을 팔아라
의뢰인을 당신의 팬으로 만들어라
의뢰인의 정열적인 목소리를 모아라
위기에 빛을 발하는 것이 진짜 영웅
프로는 섣불리 판단하지 않는다

당신도 영웅이 될 수 있다

지금까지는 이상적인 고객에 대한 관점에서부터 당신의 가치를 높이는 방법, 상대방의 행동 유형과 심리 상태를 명확히 파악하는 방법 등에 관해 이야기했다. 이제부터는 의뢰인을 발견하는 방법을 알아보자. 의뢰인의 가치와 중요성을 십분 이해했다고는 해도 그와 만나지 못하면 아무 의미가 없다.

일방통행은 소용없지 않겠는가? 일차적으로는 당신의 존재를 알려야 하고, 공통의 목적의식을 확인한 뒤 의뢰인의 동참을 유도하는 단계를 거쳐야 한다. 즉 당신이 왕처럼 대접하고 싶은 의뢰인에게 전화를 받기 위해서는 일단 당신의 존재를 알리는 작업을 간과해서는 안 된다.

2001년 2월, 앞에서도 얘기했듯이 나는 포르노 사이트를 교재 삼아 《파산의 문턱에서 부활하다》를 집필했다. 지금 너무 중요한 일이 있다며 고객까지 거부한 4개월의 시간이었다. 결론부터 말하면 이후 6개월 만에 나는 정상궤도에 올랐고, '매출을 보장하는 광고를 직접 만드는 디자이너이자 마케터' 라는 이름에 걸맞는 실적을 거둘 수 있었다. 또 자기 자랑을 하려는 것인가 하고 인상을 찌푸릴지도 모르지만 처음에도 이야기했듯 나는 바보다. 하지만 다행히도 성실한 바보였다. 바보인 내가 성공을 했으니 당신이라고 못할 리 없다는 말을 하고 싶었을 뿐이다.

당신은 자신이 어떤 유형이라고 생각하는가. 천재, 불성실한 바보, 아니면 성실한 바보? 만약 당신이 자신 있게 성실한 바보라고 말할 수 있다면 당신은 성공할 수 있다. 내가 6개월 걸렸으니까 당신은 8주면 해낼 수 있을 것이다. 내 경우도 시행착오 시간을 제외하면 약 8주 만에 궤도에 오른 셈이다.

이제 본격적으로 당신이 영웅이 될 수 있는 방법을 이야기해보자.

송혜교에게 만나고 싶다는 말을 들으려면

이런 질문에 웬 뚱딴지 같은 소리냐며 비웃을지 모르지만 그래도 신중하게 들어주기 바란다. 송혜교가 '당신을 만나고 싶다' 는 말을 하게 하려면 어떻게 해야 할까? 송혜교가 아니라도 좋다. 연예인이든 저명인사든 누구라도 좋다. 당신이 평소 만나고 싶은 사람을 떠올려보자.

"유조 씨, 어떻게 그럴 수가 있겠어요!"
"역시, 그렇겠죠?"
"그럼요, 그럴 일은 없을 거예요."
"나도 송혜교는 힘들 것 같아요. 하지만 송혜교가 아니라 의뢰인이라고 생각한다면 가능할 것도 같은데요. 이야기가 좀 이상한가요?"
"구체적으로 어떻게 할 건데요?"
"어떻게 하면 좋을 것 같아요?"
"유조 씨, 약 올리지 말아요!"
"그건 말이죠, 당신의 존재를 알리는 정보를 발신하기만 하면 돼요. 그것뿐이라고요."
"……."

내가 이런 이야기를 하면 대부분은 할 말을 잃는다. 그도 그럴 것이 너무 황당한 이야기 아닌가. 너무 황당해서 도무지 방법이 떠오르지 않을 것이다. 방법을 모르면 결과를 기대하기도 어렵다. 의뢰인의 이런 악순환을 해결해주기 위해서는 의뢰인 지정법에서 다음 두 가지 요소를 빼놓아서는 안 된다.

· 반드시 전달해야 한다는 사명감을 지녀라.
· 특정인에게 압도적 지지를 받는다는 증거를 갖춰라.

분명히 말하지만 이 과정은 광고 선전 이전에 거쳐야 한다. 무엇보다 당신의 존재를 알리는 것이 우선이기 때문이다.

상품이 아니라 사명감을 팔아라

사람들은 짓궂게도 남의 불행을 흥미로워한다. 상대방이 부끄러워 어찌할 바 모르는 일도 그저 재미있어 한다. 그렇기 때문에 전혀 긴장하지 말고 의뢰인과 공통의 화제를 갖는 것이 좋다. 물론 이 역시 '성실한 바보'만이 누릴 수 있는 특권이다. 절대 부끄러워하지 말자.

요즘 너무 힘드시죠. 사실 이제야 말이지만 제 인생도 실패의 연속이었습니다. 하는 일마다 실패만 했거든요. 그렇기에 당신의 실패 역시 충분히 이해합니다. 원하신다면 제 경험담과 해결방법을 알려드릴 테니 연락주십시오.

이런 식으로 자신의 불행한 실패 경험담을 풀다보면 신기하게도 사명감이 생긴다. 사명감으로 자신 있게 자신을 알리다보면 공감하는 사람이 나타나기 시작한다.

"실은 저도 그래요. 이런저런 실패를 했거든요. 당신의 조언을 듣고 싶어요"라는 문의전화가 쇄도할 것이다. 때로는 팬이라는 열성파도 있을 것이다. 바로 당신이 누군가의 구세주가 되는 순간이다. 서서히 영웅을 향한 당신의 인생 설계도가 완성되고 있다.

이제 적극적으로 정보를 발신하자. 당신이 깨달은 사명감을 사람들에게 전하라. 물론 용기가 필요한 작업이지만 한번 도전해보라. 더 이상 '난 못해'라는 못난 소리는 하지 말고 이를 한번 꽉 물고 자의식의 벽을 넘어보자.

막상 해보면 알겠지만 이제 당신에게 다음과 같은 편지들이 이어질 것이다.

· 안녕하세요. 지난번 메일의 답장 고마웠어요. 이번 호 잡지를 보면서 유조 선생에게 팬들이 많구나 하고 느꼈어요. 그리고 모두가 선생 덕분에 용기를 얻고 있더라고요. 업종은 다르지만 제게도 큰 힘이 되었어요.

이번에 쓰신 글 중에 고객의 처지에서 생각해야 한다는 이야기가 있었죠. 정말 그런 것 같아요. 보통은 눈앞의 이익에만 급급하기 쉽잖아요. 전 부모님과 함께 살

고 있는데, 요즘 세대차이랄까 사고방식이 너무 다르다
는 것을 느낀답니다. 당장은 손해를 보더라도 고객을
기분 좋게 하는 것이 먼 장래에 유익하다는 사실을 배
우고 있어요.

옛날과 달리 요즘은 업체 간 경쟁이 심하죠. 그만큼
입소문도 무섭고요(그렇다고 헛소문을 퍼뜨리면 안 되
겠죠). 여러 세대의 사람들을 상대하는 것이 조금 힘들
지만 합리적으로 해결해 나가려고요.

· 독창적인 광고, 늘 재미있게 읽고 있습니다. 저는 전
문대학교 경영학과 강사인 도미코입니다. 자기 잘난 맛
에 떠드는 것이 아닌 현실적인 이야기들이 제게 많은
참고가 되었습니다. 이번 학기에는 학생들에게 《파산의
문턱에서 부활하다》를 교재로 채택할 계획입니다. 학생
들이 상당히 흥미로워 하리라 생각합니다.

· 즉각적이고도 단순 명쾌한 답장 감사드립니다. 저는
비즈니스 스쿨의 경영학과 강사입니다. 저희 경영학과
학생들 가운데 약 50퍼센트는 가업을 이을 목적으로 입
학했고, 나머지 반은 유통업 관련회사에 취직이 목적입
니다.

학과 내용을 물어보셨는데, 대부분은 대학교의 경영

학과 수업과 크게 다르지 않습니다. 부기, 유통경제, 경영학, 경영실무, 마케팅 이론 등 실질적인 내용들이 주를 이룹니다. 하지만 대학과 다른 점이 있다면 검정시험에 치중한다는 것입니다.

예를 들면 부기검정, 판매사 자격검정, 비즈니스 실무, 그리고 컴퓨터와 관련된 각종 검정시험 가운데 세 가지 이상을 합격하지 못하면 졸업을 할 수 없습니다. 한마디로 이론중심의 대학에 반해 우리는 실천적이면서도 실무와 연관된 수업을 중시한다고 할 수 있습니다. 물론 최근 대학에서도 실천적 수업을 진행하는 곳이 증가하는 추세이지만.

이번에 선생님의 책을 교재로 선택한 것은 11월부터 경영학과 학생들이 플라워 비즈니스학과 여학생들과 함께 학생 벤처사업을 시작하기 때문입니다. 물론 이번 기획은 어디까지나 공부를 위한 것일 뿐 개인적인 이익 추구를 위한 프로그램은 아닙니다. 그렇지만 이익이 발생한다면 학생들의 연구비로 충당할 계획입니다. 사업 내용은 여학생들이 아트 플라워 제작을 하면 남학생들이 기업을 방문하여 계약을 체결하는 것으로, 즉 꽃 배달 사업이라 할 수 있습니다.

그러기 위해서는 회사 설립에 따른 법적 수속이나 기업에 제출할 프레젠테이션 작성법, 전단지와 장부 작성법, 고객관리 등이 필요합니다. 하지만 이것들은 교과서로는 배울 수 없기 때문에 실무에 접근할 방법이 전혀 없었습니다. 벤처사업을 계획한 것도 이런 이유가 가장 크다고 할 수 있겠습니다.

선생님의 조언으로 보다 현실적이고도 실천적인 공부를 할 수 있었으면 좋겠습니다. 학생들의 관심도 대단합니다. 자금 조달방법이나 전단지 등을 통해 고객의 반응 살피는 방법 등 혈기왕성한 학생들에게 많은 도움을 주시기 바랍니다. 진행상황은 다시 연락하겠습니다.

의뢰인을 당신의 팬으로 만들어라

비즈니스 실용서적들을 보면 '고객의 목소리를 모으라'는 이야기가 자주 등장한다. 물론 간과해서는 안 되는 중요한 문제이다. 하지만 이 책을 읽지 않은 사람은 자칫 큰 실수를 저지를 수도 있다.

고객의 목소리, 즉 다양한 의견들은 상품을 판단하는 중요한 기준이 된다. 하지만 그것만으로는 고객이 당신과 공통의 목적의식을 갖고 동참하도록 유도하는 데는 역부족이다. 고객의 의견은 그저 상품에 대한 앙케트에 불과할 뿐이다. '우리 상품은 정말 굉장하다'고 목청 터지게 외치는 것밖에는 큰 의미가 없다.

　영업이나 사업을 하는 사람들이 명심해야 할 것은 자신의 상품과 서비스를 인정받는 것이 아니라 그들 자신이 인정받아야 한다는 사실이다. 고객에 대한 사명감을 인정받고 싶지 않은가. 고객을 위해 제대로 일하고 있다는 칭찬을 받고 싶지 않은가. '당신의 팬'이라며 칭찬을 아끼지 않는 고객에게 아낌없이 해결책을 제시하기를 원하지 않는가.

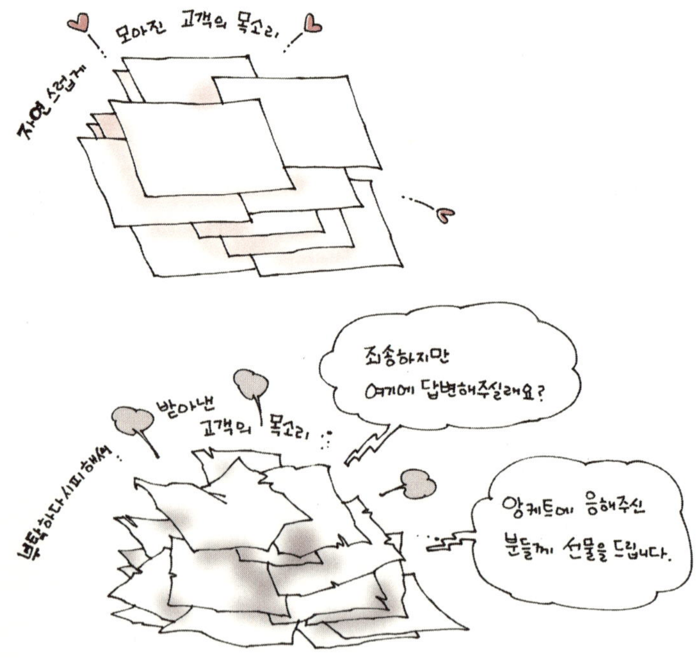

의뢰인의 정열적인 목소리를 모아라

이야기가 좀 길어졌지만, 다음의 두 요소만 갖춰지면 믿을 수 있는 의뢰인의 대량 생산이 가능하다. 당신에게 전적으로 공감하고 정열적인 질문과 대답을 주고받는 의뢰인이 생길 즈음이면, 당신은 그 누구도 무시할 수 없는 엄청난 존재가 되어 있을 것이다.

> 성공의 주인공이 되기 위한 두 가지 요소
> · 나를 알아준다 – 노고의 치하
> · 내 문제를 해결해줄 것 같다 – 의뢰인의 질문과 대답

즉 당신은 영웅이 될 수 있다. 게다가 당신의 이상형을 선별할 수 있는 권리도 주어진다. '정말일까' 하는 의구심이 들겠지만 누구도 부인할 수 없는 사실이다.

이제 행동방식에 대해 이야기해보자. 그다지 일반적이거나 상식적인 주제가 아닌 만큼 비상식적인 결과가 나오더라도 당황하지 마라.

위기에 빛을 발하는 것이 진짜 영웅

'고객을 위한 일이라면……' 이런 모토를 내세우는 회사

가 많다. '고객이 부르면 어디라도 달려가겠습니다' 라며 우쭐대는 기업도 부지기수다.

지금까지 내 이야기를 계속 들은 사람이라면 이런 말은 아무 의미가 없다는 것을 직감할 것이다. 당연히 말뿐인 것이다. 이런 회사들을 오랫동안 관찰하면 실제로 고객을 위해 하는 일은 거의 없다. 이들의 궁극적 목표는 판매다. 판매를 위해서라면 고객의 어떤 소리도 견뎌야 한다는 착각 속에 살고 있을 뿐이다.

하지만 당신은 그들과 다르다. 당신은 이미 영웅이 될 조건들을 모두 갖추고 있다. 진정한 장사꾼을 갈망하는 의뢰인들의 구세주가 바로 당신이다. 이제 당신은 '제가 여기 있습니다. 힘든 일 있으면 말씀해주세요' 라고 상냥하게 운만 띄우면 된다. 그리고 가장 위태로울 때 수퍼맨처럼 나타나서 도와주기만 하면 된다.

5W1H를 이용한 의뢰인 지정법(WHEN)
· 명확한 사명감을 가지고 행동하라.
· 위기일수록 당신의 존재는 빛난다.

프로는 섣불리 판단하지 않는다

처음에야 당연히 내 이야기가 이해하기 어려웠겠지만 이

쯤이면 당신이 의뢰인을 끌어 모아야 할 이유가 분명해졌을 것이다. 일회적인 고객이 아닌 의뢰인을 모으겠다는 주관을 가지고 행동해야 당신은 영웅이 될 수 있다. 단 주의해야 할 점은 모든 사람들로부터 인정받으려는 욕심을 부려서는 안 된다. 또한 당신이 모든 사람을 끌어안으려 해서도 안 된다. 오히려 모두를 잃게 될 가능성이 높기 때문이다. 오로지 당신의 이상에 합당한 사람을 찾기 위해서 정보를 발신하기 바란다.

물론 엄청난 용기와 결단이 필요하다. 솔직히 나도 처음에는 두려웠다. 도망가고 싶은 마음도 들었다. 하지만 무조건 시도하라. 그러면 곧 알게 될 것이다. '당신의 팬'이기를 자처하는 고객의 목소리가 쇄도하는 날이 머지않았다.

이를 악 물고 자의식의 벽을 넘어야 한다. 파산 직전까지 갔던 나도 해냈는데 당신이 하지 못할 이유가 없다. 8주만 견디면 새로운 세계가 열릴 것이다. 얼굴 가득 웃음을 지으며 시도하길 잘 했다고 생각할 날이 올 것이다.

5W1H를 이용한 의뢰인 지정법(WHERE)

이제 남은 문제는 의뢰인이 어디에서 상품 구입을 하느냐 하는 것인데, 이에 대해서는 굳이 언급할 것도 없다. 지금까지 내가 이야기한 대로 실행에 옮겼다면 의뢰인은 반드시 당신을 찾게 될 것이다.

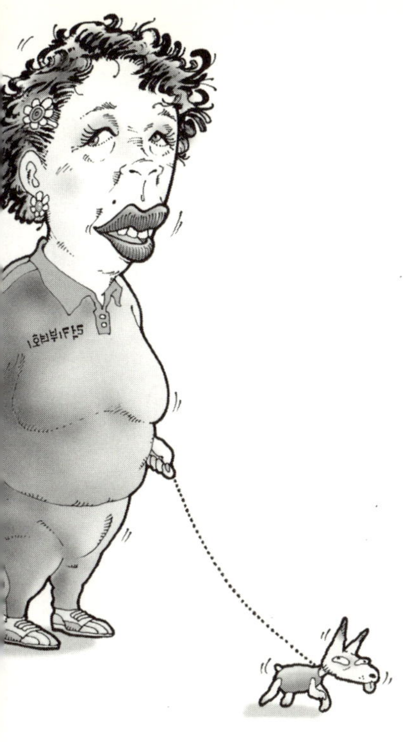

5 고객을 구워삶는 실전기술

고객을 구워삶는 실전기술

더는 비즈니스 실용서적이 필요없다

스물여섯에 독립한 이후, 불과 6개월도 채 안 되어 자본금이 바닥이 났다. 5년 동안 부지런히 모은 3000만 원과 국민생활금융공단에서 대출받은 2000만 원까지 모두 날렸다. 그래서 나는 결국 파산 직전에 내몰렸다.

앞에서도 언급했듯이 아내와 함께 전단지를 뿌리면서 생계를 걱정해야 할 만큼 상황은 급박했다. 하지만 그러면서도 나는 나름대로 계획이 있었다. 본격적인 마케팅을 공부하기 위해 비즈니스 실용서적을 독파하기로 한 것이다. 지금 생각하면 코웃음을 칠 만큼 우습지만 당시로서는 필사적이었다.

마케팅이라는 단어가 들어 있는 책이라면 닥치는 대로

읽었다. 밤을 새워가며 읽던 나는 눈에 띄는 책을 하나 발견했다. 대충 고객의 감정을 자극하는 전략을 세우면 승산이 있다는 내용이었던 것 같다.

바로 이거다! 이렇게 하면 성공할 수 있겠구나! 무릎을 치며 기뻐했다. 하지만 그것이 내 생애 최악의 실수라는 사실을 깨닫는 데는 그리 오랜 시간이 걸리지 않았다. 그 책에 쓰여 있는 데로만 하면 분명히 큰돈을 벌 수 있으리라는 생각을 한 그 순간부터 내 인생은 파산하고 있었던 것이다.

전단지를 뿌리며 어떻게든 생계를 유지하려고 했지만 빈손으로 퇴근하기 일쑤였다. 그렇게 1~2주가 지나고 결국에는 180일 이상 매출이 제로라는 대기록을 수립하고 말았다.

어떻게 된 걸까? 사생결단의 심정으로 최선을 다했는데도……. 지푸라기라도 잡고 싶은 심정으로 그 책의 저자를 찾아가서 수백 만원이나 되는 과외비를 내고 일대일 지도를 받으리라 결심했다. 하지만 그 저자의 한마디에 기가 막혀 비명조차 나오지 않았다.

"머릿속에 땀이 나지 않으면 안 된다. 이거야!"

"아니, 어떻게 그런 말을……."

땀이라면 너무나 많이 흘렸다. 그리고 당신이 권한 대로 얼마나 힘들게 노력했는데……. 만약 땀 흘리는 방법이 잘못됐다면 제대로 흘리는 방법이라도 가르쳐줘야 하는 것 아닌가!

나는 절망하고 말았다. 타인의 인생과 성공을 지도하고 상담한다는 소위 컨설턴트라는 사람들의 현실을 탄식하지 않을 수 없었다. 이론만으로 성공과 매출을 논하는 어설픈 그들이 나를 슬프게 했다. 하지만 한편으로 더는 그들에게 의지하지 않고 성실한 바보답게 실패를 거울삼아 홀로서기를 하겠다는 결단을 내리는 계기가 되었다.

감정만 잘 이용하면 성공한다는 속임수

요즘 출판되는 비즈니스 실용서적들을 살펴보면 하나같이 고객의 감정을 이용하고 자극하는 관점의 논조가 지배적이다. 워낙 사람들이 다양하니까 고객의 감정을 컨트롤하는 것이 중요하다고 생각할 수도 있다. 하지만 당신이 그 책들을 읽기 전에 나를 만난 것은 운명이고 행운이다. 나 또한 당신에게 내 모든 경험과 정보를 진솔하게 공개할 수 있어 행운이다.

이는 9000원의 돈을 투자해 내 책을 구입해 준 데에 대한 예의다. 나는 당신의 투자를 가장 가치 있고 의미 있도록 만들고 싶다. 비즈니스 실용서적을 읽는 일은 다음으로 미루자. 나는 당신에게 비즈니스 실용서적과는 비교도 안 되는 살아 있는 수많은 아이디어를 전수하려 한다. 그 첫걸음으로 다음 질문에 대답해보라.

Question 도대체 감정이란 무엇인가?

* 감정이 생기는 사고회로와 정신상태를 의뢰인의 관점에서 서술하시오.

다소 버거운 질문일 수도 있지만 이 질문에 대답할 수 있으면 다른 실용서적을 읽을 필요도, 공부할 필요도 없다. 감히 말하지만 이것은 최종적인 화두일 수도 있다. 또 자랑처럼 들리겠지만 나는 이 질문에 대한 분명한 해답을 알고 있다.

이제 고객의 감정이 어쩌니 저쩌니 떠들어대는 컨설턴트들에게 묻고 싶다. 당신들은 실로 이 물음에 정확한 답변을 할 수 있는가? 솔직히 마케팅을 조금 공부했다거나 비즈니스 업계에 조금 종사했다고 해서 답할 수 있는 지식이 아니다. 따라서 그런 사람들은 죽었다 깨도 자신 있게 답변할 수 없다.

그러면 나는 어떻게 이에 대한 해답을 알 수 있을까. 이미 알고 있듯이 나는 언어장애아였다. 철이 들면서부터 늘 또래 녀석들의 주먹질과 따돌림을 겪었다. 나는 '나'라는 존재 가치를 표현할 방법이 없었다. 아무도 상대해주지 않는 음지생활을 무려 15년이나 겪었다. 하지만 나는 '과거의 실패와 경험을 소중히 간직해온 성실한 바보'다. 세 살 때부터 겪은 경험과 아픔을 끊임없이 되새겼다. 그러면서 '어떻게 하면 사람들을 끌어들일까?' '어떻게 하면 세상에서 주목받을 수 있을까?' 하는 문제들을 비즈니스와 연계해 체계화시킬 수 있었다.

이제 전략적인 발상을 습관화하는 훈련을 시작해보자.

어리석은 경영인이 걷는 길은 사기꾼이 되는 지름길

고객의 감정을 잘 자극하기만 하면 큰돈을 벌 수 있다고 생각하는 사람들이 의외로 많다. 게다가 수많은 비즈니스 실용서들도 이런 의식을 세뇌시키고 있다. 이런 주장에 대해 굳이 긍정도 부정도 하고 싶지 않다. 하지만 감정이라는 것이 누군가의 조종에 따라 어떻게 된다는 생각에는 동의할 수 없다. 인간의 심리구조는 그렇게 단순하지 않기 때문이다.

이해를 돕기 위해 예를 하나 들어보자. 아무 쓸모없고 볼품없는 항아리를 1000만 원에 팔아야 한다. 당신이라면 어떻게 할 것인가. 어떤 생각으로 어떻게 행동할지 곰곰이 상상해보라. 물론 나는 죽어도 그런 짓은 하지 않는다. 하지만 이야기의 진행을 위해 일단 팔아야 한다는 전제를 깔고 시작해보자.

분명히 말하지만 이것은 어디까지나 예를 든 것뿐이다. 이렇게 한번 해보라는 이야기가 아니다. 따라했다가는 쇠고랑을 차고 말 테니 명심하라. 이런 극단적 예를 드는 것은 고객의 감정을 마음대로 조절한다는 것의 함정을 이해시키기 위해서다.

쓸모없는 항아리를 1000만 원에 팔려면?

가격 이상의 가치는 있는가

무엇보다 쓸모없다는 것이 가장 큰 걸림돌이다. 억지로라도 그 항아리에 1000만 원 이상의 가치가 있다는 설정이 필요하다.

가격을 높일 수 있는 절체절명의 요소

원칙적으로 보면 과거의 경험을 바탕으로 했을 때 '이런저런 점에서 매력적인 가치가 있는 상품'이라고 역설할 수 있겠지만 이런 경우에는 불가능하다. 사기꾼 경험이 없는 당신으로서는 더욱 그럴 것이다. 다른 방법을 찾아볼 도리밖에는 없다.

어쩔 수 없이 다음과 같은 방법을 동원해야 한다.

- 거짓, 과장, 허풍 등으로 포장하면서 가치를 높인다.
- 가공의 생산자를 만들어 얼마나 진귀한 상품인지를 강조한다.
- 상품설명서와 감정서를 첨부하여 특별한 상품임을 증명한다.
- 많은 사람들에게 인기를 끌고 있다는 객관적 증거를 제공한다.

여기서 가장 핵심적인 부분은 거짓, 과장, 허풍에 있다. 터무니없는 비싼 가격을 합리화시키려면 거짓과 허풍을 떨어서라도 상품의 허점을 가려야 하기 때문이다.

속아 넘어갈 만한 사람들을 모은다

일단 여기까지 작업이 순조롭게 진행되었다면 이제 현금 회수방법을 강구해야 한다. 항아리 재고가 수백 개 된다면 광고라도 해서 팔아야겠지만, 이때는 직접 부딪쳐보는 방법밖에는 길이 없다. 광고비 문제도 그렇지만 사기성 있는 장사꾼으로서는 고전적인 맨투맨 방식이 최고다.

그렇다고 길거리에서 사람을 붙잡고 "안녕하세요. 항아리 한번 구경하시죠?"라며 갑자기 얼굴을 들이밀어서는 안 된다. 전단지를 만들어 깨끗한 봉투에 넣은 후 가가호호 방문하여 우편함에 넣는다. 요즘 사람들이 아무리 약았더라도 그중에는 아직 순진한 사람들도 많기 때문에 우리는 그런 사람을 대상으로 한 전단지를 만들면 된다.

항아리에 호기심을 유발할 만한 문구(이런 말들은 포르노 사이트에 많다)를 쓴 후, 맨 밑에는 '너무도 귀하고 값비싼 물건이라서 직접 저희의 설명을 듣지 않으면 이해가 안 될 겁니다!' 라는 말도 빠뜨리지 않는다.

또 하나 빠뜨리면 안 되는 것이 기존 소비자(물론 허위와 과장 일색인)들의 체험담이다. 생산자의 화려한 경력

등도 첨부하여 '소수만을 위한 상품'이라는 점을 강조한다. 게다가 A/S 차원에서 '30일 내에 반품과 환불 가능한 품질 보증서를 보내드립니다'라는 말로 고객을 안심시키는 것도 잊어서는 안 된다.

- 전단지를 봉투에 넣어 우편함에 넣는다.
- 상품에 대한 호기심을 유발하는 문구를 사용한다.
- 너무 진귀해서 직접 설명을 들어야 한다는 말을 첨부한다.
- (허위, 과장인) 기존 고객의 구입 사례를 게재한다.
- 생산자의 경력과 환불 및 반품 보증서를 강조한다.

고객의 경계심을 자극하지 않도록 주의한다

사람은 누구나 혹시 자신이 조종당하고 있는 것은 아닐까 하는 강한 경계심을 품고 있다. 따라서 당신은 누구보다 진지하고 성실한 자세로 귀한 고품격 상품을 소개하고 있다는 믿음을 심어주어야 한다. 항아리를 꼭 팔겠다는 본심을 철저히 숨기고 '절대 억지로 구입하라고 강요하지 않는다'는 분위기를 연출하는 것이 중요하다.

전단지를 만들 때도 '너무 주관적이지 않은가?' '고객이 보았을 때 객관성이 있는가?' 하는 점을 시간을 두고 두세 번 확인하고 수정해야 한다. 그리고 다음의 사항만 주의하면 크게 걱정할 것은 없다.

- 속고 있을지도 모른다는 공포감 배제(진품이라는 증거와 근거)
- 심리전에 휘말리고 있지는 않나 하는 불안감 제거(감정 조작 가능성 배제)
- 문체는 최대한 정중하게(설득 효과)

자기설득형 전화상담

일단 전단지를 보고 문의전화가 오면 이제부터는 계약 성립을 위한 완벽한 연기가 필요하다. 우선은 "무슨 일로 전화를 하셨습니까?"라고 물으면서 상대의 의중을 확인한다. 확실한 구매 의지가 보이지 않으면 상담은 거기서 끝낸다.

하지만 구매 의사가 있는 고객이라면 대화를 계속 이어간다. "이 제품의 어떤 점이 맘에 드셨습니까?" 등을 집요하게 묻고 또 묻는다. 신기하게도 고객은 당신의 질문에 대답하는 동안 저절로 상품을 꼭 구매해야 한다는 자기설득을 당하게 된다.

이제 마지막 단계로 "현재 예약이 많기 때문에 지금 결정하지 않으면 기회는 사라질지도 모릅니다"라며 일침을 가한다. 이미 자기설득 단계까지 접어든 고객으로서는 당신의 마지막 한마디에 넘어오지 않을 수 없다.

단골고객, 우수고객이라는 말로 세뇌한다

계약이 성립되었다고 모든 일이 끝난 것은 아니다. 이제 고객을 세뇌시키는 작업이 기다리고 있다. 구입한 지 3일 정도 지나면 '물건은 어떠십니까. 만족하시나요. 고객님의 선택은 정말 탁월했습니다' 라는 편지를 띄운다.

표면적인 이유야 당연히 '고객의 선택에 후회가 없도록 하겠다' '고객은 우리에게 너무도 소중한 분이다' 라는 의사표시를 하기 위해서다. 하지만 진짜 속셈은 따로 있다. 이런 고객은 두고두고 돈으로 연결될 가능성이 높기 때문이다.

꾸준히 연락하면서 새로운 정보를 제공하다보면 다시 판매로 이어지는 고정고객이 될 가능성이 높다. 이것이 바로 세뇌다. 적절한 시간차를 두고 '값나가는 물건이 하나 있다'는 정보를 주면 그 고객은 역시 당신의 기대를 저버리지 않을 것이다. 결국 당신은 정기적으로 매출을 올려주는 '봉'을 잡은 셈이다.

이쯤 되면 당신은 '세뇌형 회원유치 장사법'의 달인이라 할 수 있다. 지금까지 이야기를 들은 당신은 무슨 생각이 드는가? '무섭다, 기가 막히다'라는 생각을 했다면 당신은 정상이다. 하지만 '돈을 벌려면 무슨 짓인들 못할까!' '세뇌라는 게 뭐가 그리 나쁜 거지?'라며 정색을 한다면 당신은 사기꾼 기질이 농후하다.

어쨌든 당신은 이런 행동을 할 수 있을까. 내가 예로 든 쓸모없는 1000만 원짜리 항아리를 당신이 취급하는 상품에 대입해 생각해라. 정상적인 사람이라면 지금까지 자신이 왜 영업을 제대로 하지 못했는지를 깨달을 수 있을 것이다.

사기꾼의 감정조작 테크닉

분명한 것은 사람의 마음을 감정만으로 조종할 수는 없다는 점이다. '세뇌형 회원유치 장사법'을 좀더 깊이 연구하면 알겠지만 고객의 의지를 확인하고, 그 사람의 고민이나 바람을 수긍하며 맞장구치는 정도까지는 가능하다. 하지만 그것이 바로 매출로 연결된다고는 장담할 수 없다.

이론적으로는 멋있고 완벽해 보이는 '고객 감정론'도 현장에서는 전혀 쓸모가 없다. 제대로 실천하지도 못한 채 모든 것이 허사로 끝나고 만다. 이 방법은 오직 사기꾼 소질이 다분한 사람들에게만 효과가 있을 뿐이다.

이런 사람들은 언제나 자신의 뒷모습 보이기를 꺼린다. 소비자는 늘 상술에 속지 않으려는 자기방어 본능으로 무장되어 있기 때문에 사기꾼들이 쉽사리 뒷모습을 보였다가는 큰코 다치기 쉽다. 요즘 소비자들은 생각 이상으로 현명하다. 세상 물정 모르는 사람이 아닌 한, 고객의 감정을 조종하며 달려드는 사기꾼 기질이 다분한 장사꾼들에게 속아 넘어갈 사람은 없다고 봐야 한다.

그럼 더는 고객을 상대로 하는 영업은 불가능한가. 물론 고객의 경계심을 꿰뚫을 만한 기술은 있다. 지금까지 내가 한 말들이 위험천만한 발상이었기 때문에 설령 당신이 이쯤에서 책을 덮는다 해도 할 말이 없다. 하지만 문제는 세상에는 당신 같은 사람만 있는 것이 아니라는 사실이다. 기가 막히고 언짢았겠지만 어디까지나 사례로 들었던 것뿐이니 양해를 구한다.

다시 본론으로 돌아가서, 그 기술이란 바로 '감정은 인

간 사고회로를 형성하는 요소 가운데 하나에 불과하다' 는
것이다. 따라서 감정을 조금 자극했다고 해서 의도하는 바
를 이룰 수는 없다. 다른 요소들도 종합적으로 기능할 수
있도록 해야 한다.

사업전략을 보장하는 요소들

한마디로 말하면 인간의 사고회로는 감각적 요소, 논리적
요소, 객관적 요소들이 반복적으로 작용하는 것에 지나지
않는다. 이 요소들의 종합적인 판단으로 좋은지 나쁜지를
결정한다.

솔직히 이것은 프레스제팬넷 동료들에게만 알려주었
다. 이 기술만 있으면 100퍼센트 성공할 수 있다. 다음의
삼각형 도표를 완전히 숙달해 잘 활용하면 당신은 미처 상
상치 못했던 결과를 얻을 것이다. 믿기지 않는다면 프레스
제팬넷 사이트에 한번 들어가보라. 생생한 사례를 접할 수
있을 것이다.

우선 당신이 가장 먼저 해야 할 일은 자신의 사고회로
의 현주소가 어디인지를 분명히 파악하는 것이다. 오른쪽,
왼쪽, 아니면 한가운데? 즉 자신이 우뇌형이라고 생각하
면 오른쪽, 좌뇌적 경향이 짙다고 생각되면 왼쪽, 이도저
도 아닌 것 같으면 한가운데 표시를 한다. 그리고 자신에

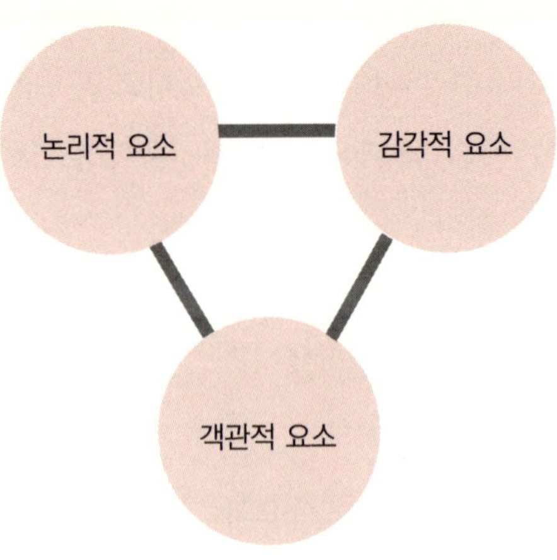

게 부족한 요소를 체크하면서 보완하면 된다.

요즘 흔히 이야기하는 '좌뇌냐 우뇌냐' 하는 말과 일맥상통할 수도 있다. 감각이나 창조적 재능이 있으면 우뇌형, 논리적이고 분석적인 경향이 강하면 좌뇌형, 양쪽 균형이 잘 잡혀 있으면 중간형이라고 해석하면 된다. 나는 기본적으로 우뇌형이다. 자기 이야기를 직접 한다는 것이 우습지만 나는 감각적 요소가 더 강하다. 그래서 디자인 계통의 일을 즐기는지도 모른다. 문제는 그것만으로는 이 세상을 살아갈 수 없다는 것이다.

그렇기 때문에 마케팅 공부를 통해 좌뇌적 요소를 보충하려는 시도를 했다. 어떤 사물이나 상황을 객관적으로 판단하기 위해 열심히 공부했다. 그 결과 주관적이라는 것이 얼마나 위험한 요소인지를 깨달았다. 내 책을 출간한 PHP

연구소와 인연을 맺은 것도 내가 객관성을 중시하는 내용을 인터넷에 공개한 것이 계기였다(당신과의 인연도 마찬가지다).

자기 자랑은 정말 체질에 맞지 않지만 곰곰이 생각해보라. 내가 만약 감각적 요소만을 강조하면서 비즈니스를 했다면 그 누가 내 이야기에 귀를 기울였겠는가. 또한 논리적 요소만으로 일을 했다면 디자인을 의뢰받을 수 있었을까. 더욱이 이렇게 좋은 평가를 받으며 내 사상을 구체화할 수 있었을까.

다소 균형이 깨진 듯한 느낌으로 살아가면 자기만족은 될지 몰라도 상대 마음속까지 강하게 어필할 수는 없다. 우뇌적 요소가 강해 예술가가 되기는 했지만, 상대가 좌뇌적 요소가 강한 사람이라면 당신의 재능은 어떤 관심도 받지 못할 것이다. 그러므로 당신 자신의 현주소와 사고 경향을 한시라도 빨리 파악하라. 당신이 보완해야 할 부분이 충족되었을 때 비로소 상대와 고객은 당신을 인정하고 이해할 것이다.

결론부터 말하면 최종적인 판단기준은 객관적 요소다. 객관성을 통해 사람들은 좋다, 나쁘다를 평가한다. 따라서 자신의 모든 것을 객관적으로 형태화하는 작업을 시작하기 바란다.

전략은 균형이다

전략은 이 세 요소 간의 균형이다. 감각적 요소와 논리적 요소의 균형을 잘 잡아주면 객관적 요소는 자동적으로 균형을 이룬다.

이제 타인의 감정을 어떻게 해보겠다는 어리석은 생각은 과감히 떨쳐버려라. 자신을 '성실한 바보'라고 단언할 수 있는 사람은 자신의 과거 경험만 성실히 전달하면 된다. 지금까지 내가 이야기한 부분만 잘 이해하고 행동으로 옮기면 당신에게는 이제 감사와 격려의 목소리만 들려올 것이다.

현대는 악(惡)이 판치는 시대다. 성공할 수만 있다면 주관적이든 감정적이든 닥치는 대로 해보겠다는 사람이 부지기수고, '세뇌 작업'을 통해 매출을 올리려는 사기꾼이 넘쳐나는 세상이다. 세상에서 이들을 내쫓아야 한다는 사명감이 솟구치지 않는가. 자신의 소중한 과거를 통해 소비자에게 진실이 전달되었을 때 당신은 구세주나 다름없는 존재가 된다. 또한 가장 정당한 방법으로 가장 많은 돈을 벌 수 있을 것이다.

깊이 생각할 것도 없이 이 세 요소의 균형을 유지할 수 있는 것은 '성실한 바보'들만의 특권이다. 잘 나가는 다른 유형의 사람들은 인상을 쓰면서 어디 다른 방법은 없을까

하고 시간만 허비하고 있을 것이다.

이제 악이 판치는 시대의 악덕상인을 퇴치하기 위한 여행을 떠나보자.

마녀와 같은 자기정당화의 법칙

가만히 보면 고객과 접점을 갖기 위해 객관적 요소가 필요하다고 생각하는 사람들이 많다. 장사를 위한 그럴듯한 이야기다. 하지만 그런 안이한 생각으로는 고객에게 객관적 요소를 전달할 수 없다. 분명히 말하지만 객관적 요소는 뭔가를 어떻게 해보기 위해 일을 도모하는 것이 아니다. 이는 차라리 주관적 요소, 듣기 좋은 말로 하면 대의명분이라고도 한다.

본래 객관성과 주관성은 자석 같아서 정반대 위치에 존재한다. 당신이 너무 주관적 성향이 강하면 상대는 매우

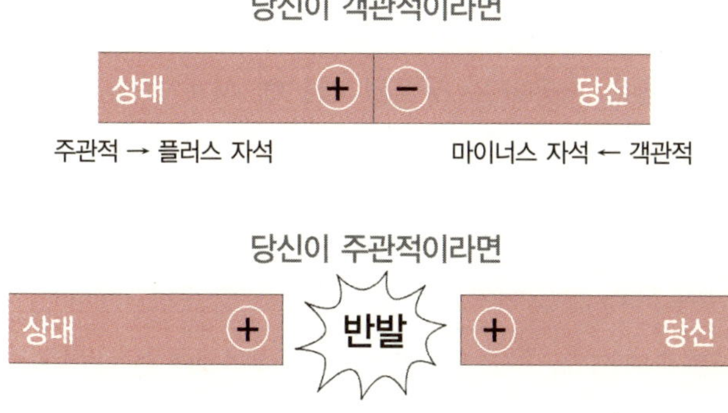

객관적이고 이성적이 되어 멀리 도망가버리고 만다. 또한 당신이 스스로 객관적이라고 자부하더라도 상대는 거부감을 느끼며 주관적으로 받아들일 수도 있다.

결국 우리는 객관적이라고 자평하는 게 아니라 진짜 객관적인 요소를 갖춰야 한다. 이는 '팔고 싶다' '돈을 벌고 싶다' 는 일차적이면서 원초적인 사고를 과감히 청산할 때 비로소 가능하다. 모든 판단은 상대에게 맡기고 당신은 오로지 객관적 사실에 근거한 정보를 제공하기만 하면 된다.

이때 많은 사람들이 저지르기 쉬운 실수 중 하나가 자기 상품을 정당화하기 위한 논리를 펴는 것이다. 몇 번 지적했듯 진정한 영업은 의뢰인이 소망하는 최종 결과까지를 제시하는 것이다. 그 구실을 다하지 못하는 영업은 사기에 불과하다. 그러므로 상품 자체에 대한 과욕은 과감히 버려라.

'당신에게 그런 이야기까지 듣고 싶지는 않다' 고 반박할 수도 있겠지만 나는 그런 비즈니스는 절대 인정할 수 없다. 비즈니스는 소비자들에게 좀더 좋고, 좀더 효용성 있는 상품을 제공하는 것이기 때문에 더욱 참을 수가 없다. 흥분하면서까지 이것을 강조하는 이유는 나 역시 한때는 악마였기 때문이다.

이미 오래전 일이지만 '광고업자가 할 일은 상품이 잘 팔리도록 광고를 만드는 것' 이라는 사명감으로 내가 알고 있는 모든 심리 테크닉을 구사해 소비자들을 현혹시켰던 때가 있었다. 쓸모없는 항아리를 1000만 원에 판매할 정도는 아니었지만, 어쨌든 내가 만든 광고 덕분에 돈을 긁어모은 사업주가 여러 명 있었다.

처음에는 날아갈 듯 기뻤다. 내가 누군가를 자유자재로 조종할 수 있다는 생각에 우쭐했다. 《백설 공주》에 나오는 마녀까지는 아니더라도 대단하다는 생각으로 마치 최면에 걸린 듯했다. 하지만 그 쾌감도 잠시뿐, 어느 순간부터 범죄라도 저지른 듯 죄책감에 시달렸다.

어떤 변명으로도 포장될 수 없는 나의 어리석음을 당신에게 낱낱이 고백하고자 한다.

악의 요소가 많을수록 정의를 강조한다

지금 생각해보면 참 어리석었다. 비즈니스라는 것은 무조건 많이 팔기만 하면 좋은 줄 알았다. 과정이야 어떻든 결과가 판매로 이어지기만 하면 그 과정도 성공적이라고 생각했다.

그런 나를 주변에서 응원하듯 '장사가 안 돼요' '어떻게 하면 많이 팔 수 있을까요' 하고 상담을 의뢰하는 사람들로 가득했다. 그런 사람들을 잘 살펴보면 판매를 제대로 하지 못하는 나름의 이유가 있다. 그들은 하나같이 '이 물건 정말 좋습니다' 라는 주관적 주장만 내세웠기 때문이다. 정말 좋은 상품이라면 그에 상응하는 객관적 요소만 가미해도 날개 돋친 듯 팔릴 것이다.

기승전결로 보면 그들에게는 결론만 있을 뿐 다른 부분에는 전혀 의미를 두지 않았다. 하지만 다음 사항을 참고해보자.

- 광고 등을 통해 소비자와 공통점을 찾는다.
- 광고를 소비자에게 이해시켜서 당신에게 눈길을 주도록 한다.
- 사고회로 전환을 시도한다.

이런 계산만 치밀하게 하면 매출에 대해서는 걱정할 필요가 없다.

내가 한때 몸담았던 회사에는 '사명감'을 강조하는 표어가 있었다. 듣기만 해도 가슴 설레고 정의감 넘치는 느낌의 단어였다. 사명감을 그대로 표현하기 위해 나는 '우리는 ～라는 고민을 안고 있는 고객을 위해 상품을 판매하고 있다. 그 결과 ～을 할 수 있다는 기쁨에 들뜬 수많은 고객 덕분에 우리는 국가 경제에 크게 기여하는 기업이 될 것이다' 라는 내용의 광고를 제작하고, 고객 유치를 위한 계획에 심혈을 기울였다. 물론 예상대로 우리 회사의 제품은 날개 돋친 듯 팔렸다. 이 책의 제목처럼 대박 현상이 발생했다.

하지만 신기하게도 불과 며칠 만에 매출이 곤두박질치기 시작했다. 어이가 없었다. 그렇게 정신없이 팔려나가던 상품이 왜 갑자기 외면당한 것인가. 도무지 이해가 되지 않았다. 연일 뜬눈으로 지새우는 밤이 이어졌다.

비즈니스는 친구와 함께 식사하는 것과 같다

내가 너무도 쓰라린 실패와 좌절을 겪었기에 당신에게 만큼은 같은 전철을 밟게 하고 싶지 않다. 결론부터 말하면 '비즈니스는 이렇게 해야 해' '비즈니스니까 이렇게 하지 않으면 안 돼'라는 고정관념을 버려라. 비즈니스 역시 사람을 만나는 일이다. 물론 금전적 관계가 발생하지만 친구와 편안하게 식사 한 끼 하면서 서로 한턱 내겠다고 실랑이를 벌이는 모습을 상상해보자.

고객에게 돈을 받는다는 것은 '빌린다'는 의미다. 따라서 어떤 형태로든 되돌려주어야 한다. 돈을 빌려 쓰면 이자가 붙듯, 그 이상의 가치로 보상하는 것이 고객에 대한 예의다. 사탕발림으로 계속해서 돈을 빌리기만 하는 사람은 친구가 없다. 이렇듯 주고받는 상호관계를 유지하는 것이야말로 훌륭한 비즈니스를 위한 열쇠다.

앞에서 예를 들었던 회사의 취약점이 바로 이 부분이었다. 고객에게 무조건 받기만 했던 것이다. 고객에 대한 사명감이라는 거창한 구호로 자신을 정당화하면서 정의감에 불타올랐고 그 선두에 바로 내가 있었다.

어느 날 친구와 술집에 갔다가 문득 이 사실을 깨달았다. 그 친구는 늘 '돈이 없다'는 소리만 하면서 주위 사람들을 우려먹었다. 한두 번도 아니고 매번 계산할 때만 되면 '이혼을 하게 되었는데 위자료 줄 돈조차도 없어' 따위의 말들로 빠져나가기 일쑤였다. 친구의 사기성 상술에 우리는 번번이 당할 수밖에 없었다. 늘 새로운 내용, 새로운 발상의 핑계거리에 도무지 당할 재간이 없었던 것이다. 그럴 듯한 사명감을 내걸고 고객을 위해 최선을 다하는 듯한 회사와 나처럼…….

나는 친구를 경멸하기 시작했고 끝내는 절교했다. 매번 당하다 보니 도저히 분을 삭일 수 없어 "네가 만든 자리니까 각자 부담하자" 하면서 내 술값만 던져두고는 박차고 나왔다. 그때 갑자기 '아, 나도 어쩌면 고객을 상대로 내 친구와 같은 짓을 하고 있는지도 몰라' 라는 생각이 들었다. 견딜 수 없는 자괴감이 몰려왔다. 알맹이 없는 상품을 판매한다면 그것은 매번 친구들에게 바가지를 씌우는 그 친구와 다를 바 없는 것이다.

상품을 판매하고 못하고는 결과론에 불과하다. 글을 읽으면서 '더는 사기꾼이 될 수 없다'고 결심했다면 지금부터는 주관적 욕심을 버리고 고객의 생활에 좀더 가까이 다가가라. 의뢰인의 고민을 해결해주는 것을 최종목표로 삼아야 한다. 물론 고민뿐 아니라 소망까지도 껴안아줄 수 있어야 할 것이다. 이제 와서 하는 말이지만 그 친구에게 당했던 경험이 없었다면 의뢰인이 바라는 최종 결과를 제시하려는 야무진 욕심 같은 것은 생각지도 못했을 것이다.

물론 매출은 반드시 필요하다. 가족의 생계도 달려 있고 종업원들 월급도 주어야 하고 대출금도 갚아야 한다. 하지만 당신의 절실한 상황을 고객이 알아줄 리 없다. 그들과는 전혀 상관없는 당신만의 주관적인 상황에 더는 조바심 내지 마라.

나도 처음에는 그랬다. 그것도 한두 번이 아니라 여러 번 파산 위기에 몰릴 때마다 내 현실 때문에 더 안간힘을 쓰고 초조해 했다. 그래서 당신을 이해한다. '무슨 짓이라도 해서 돈을 벌고 싶다'는 당신의 절실한 심정을 너무도 잘 알고 있다.

하지만 그런 마음가짐으로는 살아갈 수 없다. 나아가 제대로 된 비즈니스를 유지할 수도 없다. 객관성 있는 사고와 행동 습관을 들이고 싶으면 나이팅게일처럼 고객에 대한 봉사정신으로 무장해야 한다(기승전결로 보면 이 부분은 승에 해당한다). 그렇다고 '노예'처럼 굴라는 뜻은 절대 아니다. 이기적인 자아를 버리면 소비자들에게 객관적인 판단 기준을 제시할 수 있다는 뜻이다.

현대는 정보들이 넘쳐난다. 당신의 정보가 쓰레기 취급을 받지 않으려면 객관적이고 진솔해야 한다. 그런 정보는 묻히지도, 부패하지도 않기 때문이다. 당신 상품에 대한 객관적 요소는 '꼭 팔아야지' '돈을 왕창 벌어야지' 하는 이기심을 말끔히 버려야만 비로소 고객에게 그대로 전해진다. 당신이 제공하고자 하는 정보가 돈과 직결되지 않고 좀더 고상하고 고차원적이라면 더욱 분명하게 전달될 것이다.

거짓과 과장으로 포장되었는데도 객관적으로 보이게 하는 정보는 사기꾼들이나 하는 짓이다. 당신은 감각적 요소와 논리적 요소, 객관적 요소를 의식적으로 조작할 수 있다고 믿는가? 아무리 감정을 조작할 수 있더라도 성공할 수는 없다. 오로지 '과거의 아픈 경험과 좌절을 완전히 자신의 것으로 만드는 성실한 바보'만이 성공할 수 있다. 진실은 굳이 상대방의 심리를 조작하지 않더라도 전해지기 때문이다.

균형잡힌 시각으로 의뢰인과의 만남을 연출하라

대부분의 사람들이 고객을 보는 관점은 '얼마나 사게 만들까' 하는 것이다. 하지만 이는 큰 오산이다. 사게 만드는 것이 아니라, 그들이 내 상품을 '사준다'는 겸허한 자세가 필요하다.

나 자신은 전혀 그렇지 않은 것처럼 말하고 있지만, 사실 나 역시 늘 주의를 기울이고 있다. 고객이 내 물건을 '사게 만든다' '내 물건을 뒤돌아보게 한다'는 식의 건방진 태도는 절대 금물이다. 한번 내뱉은 말은 주워 담을 수 없기 때문에 늘 조심하고 신경 써야 한다.

인간은 본래 자신의 말에 자신이 설득당하는 경향이 있기 때문에 세심한 주의를 기울일 필요가 있다. 자칫 한 순간의 실수로 스스로를 다스리지 못하면 당신의 사고회로가 사기꾼 기질로 바뀔지도 모른다. 누구나 마음만 먹으면, 한 발자국만 잘못 내디디면 사기꾼이 될 수 있다. 아무 쓸모없는 항아리를 1000만 원에 팔아치울 수 있다는 이야기다.

당신의 존재가치는 스스로 지켜야 한다는 사실을 명심하라. 이른바 인격은 제3자의 평가를 통해 형성된다. ‘귀엽다’는 말을 계속 듣다보면 정말 귀여워진다(자의식이 너무 과열되지만 않는다면 멋진 여성이 될 수도 있다). 반면 ‘바보 같아’ ‘멍청해’라고 계속 놀림을 당하면 ‘어디 두고 보자’면서 복수의 칼을 가는 문제아가 되고 만다. 자신의 말에 자신이 설득당하고, 타인의 평가를 통해 당신의 인격을 파악하게 되는 좋은 예라 하겠다.

앞장에서 언급한 ‘영웅으로 성공할 수 있다’는 관점의 영웅이라는 평가도 역시 제3자를 통한 것임을 알 수 있다. 당신이 어떤 평가를 받고 싶은지 스스로 냉정히 되돌아볼 필요가 있다. 위엄 있고 무게 있는 사나이라는 평가를 받고 싶으면 그런 부류의 말을 사용한다. 또한 기탄없이 모든 고민을 털어놓고 싶어지는 사람이 되고 싶으면 고객이 원하는 바를 확실한 근거를 가지고 이야기하면 된다. 이렇듯 자신이 원하는 평가는 스스로 사전에 결정해둔다고 해도 과언이 아니다.

따라서 당신 자신에게 가장 적절한 평가를 얻기 위해서 치밀한 준비를 해두라. 이미 감각적 요소와 논리적 요소,

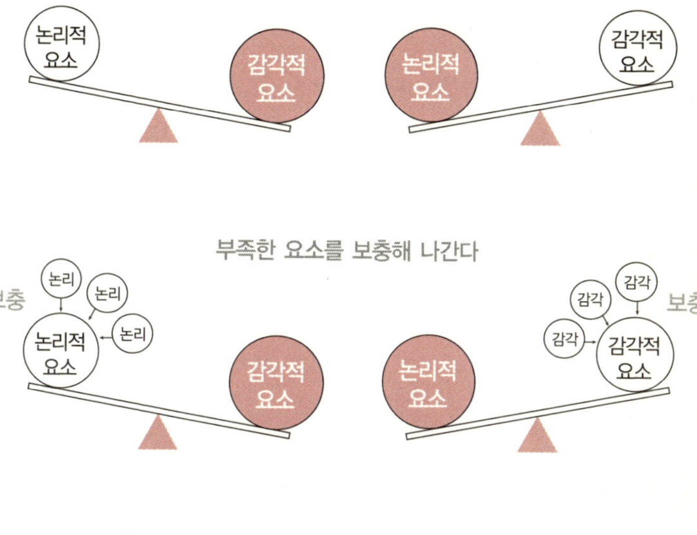

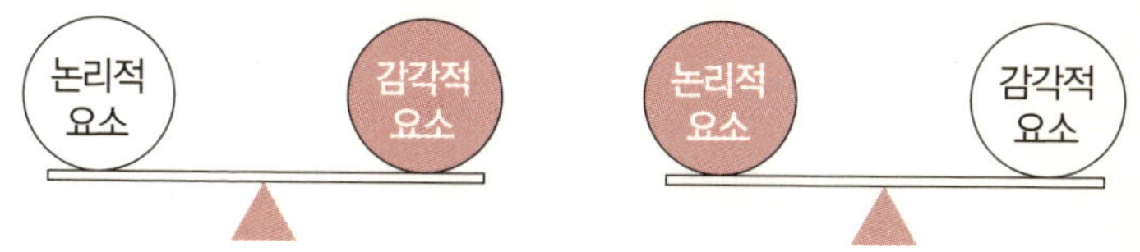

객관적 요소의 균형을 잡는 것이 매우 중요하다는 이야기를 했다. 만일 감각적 요소만 키운다면 그는 공상가가 될 뿐이다. 또 논리적 요소가 너무 강한 사람은 자기 자랑만 늘어놓는 잡담꾼에 불과하다. 균형을 잡는다는 것은 이토록 중요한 문제다.

당신 자신을 돌아보았을 때 우뇌적 경향이 강하다 싶으

면 이제부터 정확한 정보를 논리적으로 흡수하기 위해 노력하라. 반면 좌뇌적 성향이 있다면 좀더 감각적 요소를 훈련해 나가야 할 것이다. 그러지 않으면 당신은 객관적 평가를 받을 수 없을 것이다.

어떻게 보면 인간의 사고회로는 시소와 마찬가지다. 오른쪽이 강세를 보이면 약한 왼쪽이 튕겨져 올라온다. 반면 왼쪽에 무게가 실리면 오른쪽이 부각된다. 두 경우 모두가 바람직하지 않다. 따라서 오른쪽과 왼쪽이 수평을 이룰 수 있도록 균형 감각을 키워나가면서 부족한 부분을 채워야 한다. 그래야만 객관적 요소로 무장할 수 있는 것이다.

그런데 갑자기 '균형을 잡으라' 는 주문을 하면 당황할 수밖에 없다. 아직 자신의 사고회로도 제대로 파악하지 못했는데 벌써 균형을 조정하라는 것은 무리한 요구이기 때문이다. 그러므로 냉정하게 자신의 사고회로의 현주소를 찾아내는 훈련을 생활화하자.

처음에는 낯설고 어렵다는 느낌이 들지만 의외로 간단하다. '고객을 ～하게 한다' 는 식의 건방진 자세가 아니라 '고객이 ～해주신다' 는 겸허한 자세를 갖추어야 한다. 아무 거리감이나 위화감 없이 상대방이 받아들일 수 있도록 연습하면 모든 사물을 냉정하고 객관적으로 바라볼 수 있게 될 것이다.

당신의 제품은 과연 의뢰인이 고대하고 있던 것인가

당신 제품과 자신을 주관적이 아니라 냉정하게 바라보기 위한 훈련이 필요하다는 말이 이제 이해되었는가? 내일로 미루다가는 더욱 어려워지므로 지금 당장 연습해보라! 주문을 외듯 '고객이 내 제품을 사주신다면?' 을 반복하면서 다음 질문에 대답해보자.

Question 당신의 상품은 언제 니즈(Needs)가 생기는가?

＊ 의뢰인의 처지에서 니즈가 생기는 상황을 재현해보자.

언뜻 보면 흠잡을 데 없는 질문이다. 단순히 '내 물건을 보면 무조건 사고 싶어질 걸' 하고 대답할 수도 있다. 하지만 이는 성(性)에 대해 아무것도 모르는 미성년자가 상상만으로 '나는 여자의 몸을 알고 싶어' 라고 외치는 것과 다를 바 없다.

이것은 망상이고 전혀 실용성 없는 대답이다. 내가 하려는 이야기는 결코 당신은 의뢰인의 처지가 될 수 없다는 것이다. 당신은 의뢰인이 아니기 때문이다.

그렇다면 니즈는 무엇인가? 당신이 진정 물건을 팔기 위해서는 이 정의를 확실히 해두어야 한다.

대체 니즈는 무엇인가

'니즈(Needs)'는 물론 영어다. 그대로 직역하면 '필요'라는 뜻이다. 이제 단어의 의미를 정리해보자. '지금이 초등학교 수업시간인가?' '그런 자질구레한 이야기까지 들어야 하나?' 하며 짜증낼지도 모르겠다. 하지만 나는 중요한 사항을 꼭 전달해야 할 때면 그냥 넘어가지 못한다. 확인하고 또 확인해야 한다. 다소 귀찮겠지만 귀기울여주기 바란다.

본론으로 돌아가 '니즈'는 '반드시 필요한 것'이라는 의미다. 달리 말하면 '없어서는 안 되는 것'이다. 없어서는 안 되는 것에는 무엇이 있을까? 무언가가 반드시 있어야 하는 상태란 어떤 요소들이 연관되어 있는 것인가? 이러한 의문들을 명확히 이해해야만 '니즈'를 확실히 정의할 수 있고, 새로운 방향을 세울 수 있다. 듣기에는 한 단어 같다고 그냥 넘기거나 코웃음 치며 무시하지 말고 냉정하게 고민해보라.

니즈는 공기 같은 존재이다

이제 당신은 '니즈'가 단순히 필요하다는 뜻이 아니라 '없어서는 안 되는 상태'임을 이해했을 것이다. 대체 그런 상황은 어떤 것인가.

우리가 이런 말을 할 때는 일반적으로 절대 없어지지 않으리라 믿었던 것이 갑자기 사라졌을 때다. 일상에서 특별히 의식하지 못한 채 너무도 당연히 사용하던 무언가가 갑자기 없어졌을 때 쓰는 말이다.

당연히 '니즈'는 우리의 생활과 밀착되어 있을 수밖에 없다. 또한 이미 우리가 너무나 잘 알고 있는 것이다. 그러면서도 끊임없이 수요가 창출되는 바로 그것! 그것이 당신 사업전략의 핵심임을 명심하라. '니즈가 없는 것'을 갑자기 '니즈가 충만한 것'으로 보이게 하려는 발상은 무의미할 뿐이다. 그런 마케팅 이론은 이미 구시대적 발상이다.

수요라는 관점으로 보면 새로운 니즈가 발생한다

그렇다면 새로운 니즈 창출은 불가능한가. 그렇지 않다. 의뢰인의 일상 깊숙이 침투하면 얼마든지 새로운 니즈를 찾아낼 수 있다. 이제 남은 것은 니즈의 '타이밍(timing)'을 파악하는 기술을 익히는 것이다.

엄밀히 말하면 기밀사항이지만 난 원래 정보 누설을 좋아한다. 특히 고객유치 노하우는 장사꾼들에게 있어 바로 니즈, 즉 '없어서는 안 되는 것' 이기 때문이다. 물과 공기가 없으면 생존할 수 없듯 고객유치법은 비즈니스의 생명줄이다.

요즘 나는 좀더 많은 정보를 확보하기 위해 이것저것 가리지 않고 책을 구입한다. 그리고 비즈니스 컨설턴트와 계약까지 해가며 공부를 하고 있다. 이러한 소중하고 중요한 정보를 기반으로 나는 수십, 수백 배의 효과를 얻을 수 있는 아이디어를 전달하려는 것이다.

고객유치는 지속적으로 수요를 창출해낸다. 즉 니즈가 있다는 뜻이다. 기업들은 늘 새로운 고객유치 노하우를 찾아 나선다. 물론 모든 기업이, 모든 상품이 그렇다고는 볼 수 없다. 이제 우리는 새로운 수요를 야기하는 메커니즘에 대한 이야기를 나누어야 한다.

새로운 수요를 창출하기 위한 의사결정의 원리

지금까지 설명을 통해 니즈가 있느냐 없느냐 하는 것은 무의미하다는 사실을 이해했을 것이다. 이미 우리 생활 속에 존재하고 있는 상품, 재구입이 가능한 상품이 아니면 사업

전략을 세울 필요가 없다. 그리고 보면 어떤 제품을 놓고 니즈를 논한다는 것이 얼마나 아이러니한가를 알 수 있다.

이제 당신은 '이미 사용하는 제품에 대해 또 다른 수요를 창출해낸다' 는 관점으로 사고해야 한다. 수요라는 말 자체는 '없어서는 안 되는 것을 구하는 것' 이라는 뜻이다. 너무 막연한 말이지만 어쨌든 의뢰인이 무언가에 대해 수요를 느끼게 된 과정과 배경을 이해하는 작업이 필요하다.

일차적으로 보면 수요는 심리구조를 통해 생성된다고 할 수 있다. '또 무슨 어려운 이야기를 꺼내려고 하나' 걱정되겠지만 최대한 자세하고 간결하게 설명하겠다.

다음 쪽에 나와 있는 도표로 이해하면 훨씬 쉬울 것이다. 여기서 주목해야 할 점은 굵은 글자로 강조되어 있는 부분이다. 그 단어들을 보면 감각적 요소를 형성하는 데 필요한 것이 무엇인지 이해할 수 있을 것이다. 뿐만 아니라 논리적 요소를 구체화하기 위해 해야 할 일들에 대한 분석도 가능할 것이다.

막연하게 감각적 요소라고만 하면 어렵게 들리지만 세부적으로 들어가면 '감각, 지각, 의식'이라는 심리구조가 바닥에 깔려 있음을 알 수 있다. 감각적 요소 안에서도 감각과 지각, 의식 사이의 균형이 중요한 문제인데, 그중 '지각'이라는 논리적 부분을 통해 치우침 없이 존재하게 된다. 인간 외부에 존재하는 모든 환경을 감각적으로 판단할 수 있는 것도 모두 '지각' 덕분이다.

우리가 의사결정의 단계를 이야기할 때 감각을 맨 앞에 두는 이유는 감각이 가장 단순하면서도 폭넓게 정보를 수용하는 형식이기 때문이다. 논리와 객관적 요소가 그 뒤를 따를 수밖에 없는 것 역시 감각적으로 인지되지 않으면 인

감 각	시각, 청각, 촉각, 미각을 사용해 몸 주변의 모든 현상을 **감각**적으로 판단한다.
지 각	감각을 통해 얻은 정보를 **논리**적으로 정리한다.
의 식	감각과 지각 정보를 종합하여 **균형**을 이루도록 한다.
가치관	의식을 바탕으로 외부 요인을 **감각**적으로 판단한다.
사 고	가치관을 근거로 **논리**적 사고를 한다.
감 정	가치관과 사고를 바탕으로 **모든 요소들의 균형유지**를 위해 인간의 본성인 희로애락을 통해 자기표현을 한다.
의 지	자기표현을 함으로써 **자기설득**을 당하고 그것이 곧 의사결정으로 연결된다.

간은 어떤 반응도 보이지 않기 때문이다.

논리적 요소 역시 내부에는 '가치관, 사고, 감정'이라는 세부구조를 갖추고 있다. 의식이 생긴다는 것은 외부 요인에 관한 판단이 섰다는 증거이므로, 그 의식은 그대로 한 사람의 가치관으로 자리 잡는다. 인간은 자신의 가치관을 잣대로 하여 수많은 사고를 하고 갈등을 겪는다. 이러한 두뇌활동이 사고회로를 만들어 나가는 것이다. 즉 논리적 요소의 활동을 통해 다시 감각적 요소를 자극하는 순환을 하게 된다.

감각적 요소와 논리적 요소 사이의 갈등과 격차가 크면 클수록 사고회로는 더 큰 혼란을 겪고 사물에 대해 더욱 진지하게 고민한다. 그리고 이런 고민들을 잠재우기 위해 논리적 사고를 하고 사고는 행동, 즉 자기표현이라는 형태로 표출된다. 상대는 당신의 자기표현을 '감정'이라는 형태로 이해하게 될 것이다. 당신은 자신의 감정에 자기설득을 당한다고 생각하겠지만 그것이 바로 의사결정이다.

이제 감정을 조작하느냐 마느냐 하는 것은 중요한 문제가 아님을 알았을 것이다. 인간이 의사결정을 하기까지에는 '감각 → 지각 → 의식 → 가치관 → 사고'라는 단계를 밟아야 하고, 또한 이들이 한쪽으로 치우침 없이 조화와 균형을 이루어야 함도 충분히 전달되었으리라 믿는다.

우리의 감정은 수많은 의사결정 요소 가운데 극히 일부

에 지나지 않는다. 그런데도 고객의 감정을 어떻게 해보겠다고 덤빈다는 것은 시대착오적 발상이다. 한마디로 말해 그런 장사꾼들이 많은 사회는 위기의 사회임이 분명하다. 한 가지 분명히 해두고 싶은 것은 '감정'은 '감각적 요소'가 아니라는 점이다. 앞에서도 설명했듯이 감정은 자신의 행동을 정당화하기 위한 자기표현이다. 그러므로 감정은 '주관적 요소'가 아니라 '논리적 요소'를 결론짓기 위한 '객관적 요소'라는 사실을 알아두라.

물론 그렇지 않은 경우도 있다. 하지만 그보다 중요한 것은 모든 요소들과의 '균형'이다. 감히 단언하건대 이 세 가지 요소의 균형이야말로 의뢰인들 사이를 파고들 수 있는 사업전략의 성공 열쇠다.

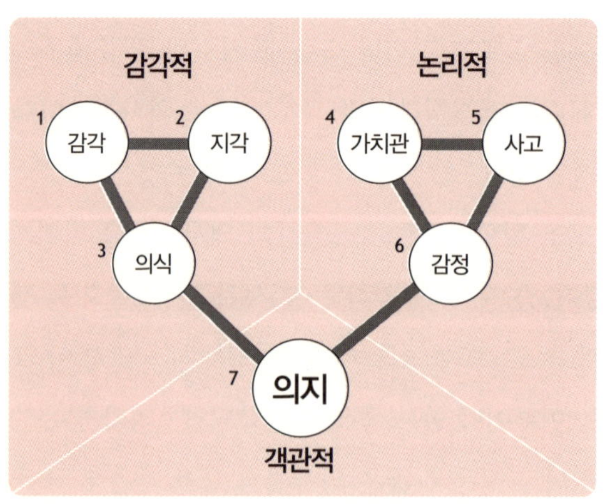

인간은 주관적인 동물이다. 그래서 골치 아프도록 객관성을 보충하며 중심을 잡으려 애쓰지만 자신의 정신상태를 컨트롤할 수 있는 사람은 극히 드물다. 3장에서 '만족감의 공유'에 대해 다룰 때 언급했듯이 인간은 자신의 욕구 충족을 위해 제3자를 이용하면서도 자신의 행동을 객관적으로 정당화하려고 한다. 객관성과 주관성이 자석의 N극과 S극처럼 반대 위치에 있는 것은 어쩌면 당연한 것인지도 모른다. 당신이 객관적 요소를 충분히 갖추고 있다면 의뢰인은 자신의 주관적 요소를 근거로 당신을 판단하려고 한다. 반대로 당신이 주관적 경향을 보이면 객관적이고 이성적인 의뢰인은 당신에게서 더 멀리 달아나고 말 것이다.

이제 당신 속의 주관적 사고를 과감히 청산하라. 그리고 객관적이고 논리적인 사고의 훈련을 통해 소비자에게 사실에 근거한 정확한 정보만을 전달하라. '고객을 ~하게 한다'는 발상을 '고객이 ~해주신다'는 사고방식으로 전환해서 당신의 빈 공간을 메워나가라.

변화하려는 강한 의지만으로 세상을 바꿀 수 있다

여기까지 무사히 왔다면 사업전략 수립은 이제 따놓은 당상이다. 고객의 의사결정 과정을 완전히 이해한 당신은

'의뢰인이 전적으로 찬성할 만한 사업전략' 을 성공적으로 만들 수 있을 것이다. 눈을 감고 상상해보라. 모든 난관을 극복하고 정상에 우뚝 선 당신을……

망상 같던 '대박법칙' 의 이론을 실천하고 있는 의연한 당신이 바로 저기 있다. 당신은 이상과 현실의 틈새를 메워야 한다. 이제 내가 당신에게 하려는 이야기는 지금까지 떠든 이론을 현실에 적용하기 위한 설계도 작성법이다. 설계도가 완성되면 당신과 의뢰인 사이에는 하나의 길이 뚫릴 것이다. 하지만 아직 틈새처럼 좁은 길은 통행이 불편하다. 따라서 우선 당신은 의뢰인이 걸려 넘어지지 않도록 보수공사를 해야 한다. 이제 어떤 식으로 공사를 할 것인가에 대해 이야기해보자.

사람들 대부분은 현실이 자신의 생각대로 움직이지 않는다고 생각한다. 자신들이 그리는 결과(꿈과 희망)를 현실에서 그대로 재현하기란 불가능하다고 푸념하기도 한다. 어떤 의미에서는 맞는 말이다. 생각대로 된다면 얼마나 좋을까. 하지만 내 생각은 조금 다르다. 스스로 변화하겠다는 강한 의지만 있다면 얼마든지 세상을 바꿀 수 있다.

당신이 알다시피 나는 파산 직전까지 몰렸다가 재기했고, 또래 녀석들의 구타와 협박에서도 탈출했으며, 언어장애를 앓던 어린 시절의 모습은 어디서도 찾아볼 수 없을 만큼 성공했다. 내가 바라는 모든 것을 손에 넣을 수 있는 위치에 와 있는 것이다. 어떻게 이런 일이 일어날 수 있는지 의문이 생기지 않는가. 단순히 운이 좋았다고 한다면 할 말이 없다. 현재만 보고 하는 이야기라면 지금 성공대열에 서 있는 나로서는 달리 반박할 여지가 없다.

하지만 내 과거를 되짚어보자. 한치 앞도 안 보이는 안개 속을 걷는 것 같았던 과거, 바로 그런 과거와 실패가 내 운명을 결정짓는 중요한 열쇠였다. 누군가처럼 '그저 운이 좋았을 뿐'이라면서 되지도 않는 이유(자기 정당화)를 갖다 붙일 것인가, 아니면 주문을 외듯 '꼭 변하고 말겠다'는 성공 시간표를 만들어 행동할 것인가, 그 차이다.

사람들은 결과를 중시한다. 그래서 '결과가 모든 것을 말해준다'는 말이 있을 정도다. 하지만 과정 없는 결과가 있는가. 결과를 낳기 위한 과정을 소홀히 하면 당신은 의뢰인의 사고회로를 이해할 수도 없고, 둘 사이의 틈새도 메울 수 없다.

이 책을 읽지 않은 사람은 이런 엄청난 사실을 알 리가 없다. 그렇기에 당신은 엉뚱한 사람으로 취급받을지도 모른다. 하지만 변화하기 위해서는 각오가 필요하다. 각오는 강한 의지를 갖느냐 갖지 못하느냐에 달려 있다. 원래 영웅이 된다는 것은 그런 것이다. 의지가 강할수록 파워 넘치는 자석처럼 끌어당기는 힘도 강하다. 물론 이런 강인한 의지를 발휘할 수 있는 사람은 극히 소수다. 이제 당신이 그 '소수의 힘'을 발휘할 때다.

의뢰인의 의지를 명확히 하기 위한 요소

굳이 설명할 필요는 없지만 정리 차원에서 말하면 의지는 '행동을 유발하는 힘'이다. 하지만 슬프게도 그 의지를 실현해 나갈 수 있는 사람은 소수에 불과하다. 사람들 대부분의 행동양식은 외부환경(감각적 요소)의 영향을 받아 자동적으로 결정되기 때문이다. 강제적으로 의지가 결정된다는 말이기도 하다.

예를 하나 들어보자. 나는 지금 책을 쓰고 있다. 작업은 순조롭지만 한 가지 나를 괴롭히는 것이 있다. 바로 요통.

가만히 앉아 있을 수조차 없을 만큼 고통스럽다. 이런 얘기를 하면 '병원에 가면 될 것을' 하고 혀를 찰지도 모른다. 하지만 그렇게까지 하고 싶은 의지는 아직 없다. 지금 내게 가장 중요한 것은 병원이 아니라 원고작업이기 때문이다. 내 책을 기다리는 당신이 최우선이다. 요통이야 작업이 끝난 후에 치료해도 상관없다.

이처럼 자신에게 중요하지 않는 일은 뒤로 미루어질 수밖에 없다. 자신에게 가장 큰 영향력을 미치는 외부요인(집필 작업) 때문에 '지금 내가 해야 할 일'에 대한 순서는 자동적으로 결정된다. 당장 눈앞에 할 일이 닥치면 그것이 최우선이라는 자동 순번이 붙여진다.

최우선 사항은 고민과 바람이 최고조로 균형을 유지했을 때 표면화된다. 책을 쓴다고 했을 때 '사람들에게 진실을 전하고 싶다'는 것은 바람이다. 반면 '마감 날짜가 얼마 안 남았으니 서둘러야지' 하는 것은 고민이다. 바로 이때 당신은 행동하게 되는 것이다. 이상(바람)과 현실(고민)의 틈새를 최대한 좁히기 위해 당신은 행동을 개시할 수밖에 없다. 아주 구체적이면서도 분명한 우선순위를 붙여가면서 말이다.

그렇다면 요통의 경우는 어떤가. 물론 '어서 나았으면' 하는 바람은 있다. 하지만 '지금 당장 가지 않으면 죽을지도 몰라' 하는 상황은 아니다. 당분간은 참을 수 있다는 여유 때문에 고민이 되지는 않는다. 그래서 행동하지 않는 것이다. 행동하지 않아도 될 이유를 찾았다면 움직이지 않는다. 바꿔 말하면 행동해야 할 강렬한 이유가 있으면 그렇게 할 수밖에 없다.

강렬한 이유는 '기한이 정해져 있는 절박한 것'이어야 한다. 이것이 핵심이다.

의뢰인의 고민을 이끌어내는 안목과 능력을 키워라

이제 '고민'은 '시간적 제약'이 따를 때 성립된다는 것을 알았다. 제약이 없는데도 고민이라고 말하지는 않는다. 즉 고민이란 '이렇게 되었으면 좋겠다'라는 희망적 관측이기도 하다. 이렇듯 고민과 바람은 동전의 양면이다.

- 기한이 정해져 있기 때문에 무언가를 빨리 하고 싶다는 바람이 바로 고민이다.
- 고민하지 않는 척하면서 자신의 이상형을 그려나가는 것이 바람이다.

고민하지 않는 한 언제까지 무엇을 해야 한다는 기한은 생기지 않는다. 모든 외부환경에 이리저리 치이면서 우선순위가 수시로 바뀌다보니 한 가지를 고민할 여유 같은 것은 아예 없다.

하지만 매출향상을 노리는 사람이라면 '의뢰인이 품고 있는 고민을 해결할 수 있는 안목과 능력'을 갖춰야 한다. 즉 의뢰인이 어떠한 외부환경에 좌우되고 있는지를 명확히 파악할 줄 알아야 한다는 뜻이다. 다음으로는 그 외부환경과 소망이 어떤 관계에 있는지 즉각적으로 판단해야 하며, 의뢰인의 소망이 '시간적 제약'이라는 고민을 해결할 수 있는지에 대해서도 해답을 이끌어내는 능력을 키워야 한다.

의뢰인에게 피해를 주는 외부요인들

냉정하게 생각하면 의뢰인의 의사결정이 외부환경 여하에 따라 좌우된다는 것은 의뢰인 자신의 '의사결정 구조'가 붕괴되었다 뜻이다. 당신이 그랬던 것처럼 의뢰인 역시 자신의 내부 균형을 상실하는 경우가 있다. 하지만 당신은 다르다.

이미 당신은 좌뇌와 우뇌, 주관과 객관 사이의 균형을 유지할 수 있는 기술을 배웠다. 따라서 당신은 의뢰인과 달리 의지에 따라 의사결정을 하는 분명한 기술을 갖고 있다. 하지만 당신의 의뢰인은 그 기술에 무지할 뿐만 아니라 자신의 힘으로 무언가를 해보겠다는 강한 의지조차 없다. 그렇기 때문에 외부요인에 치이면서 휘둘리는 것이다.
이제 당신의 의뢰인들이 어떤 피해를 당하고 있는지 살펴
보자.

　· 정신적인 피해 – 냄새난다, 맛이 없다.
　· 물질적인 피해 – 몸이 아프다, 자동차가 부서지다.
　· 대외적인 피해 – 상식을 뒤엎다, 이성에게 차이다.

　이런 식으로는 무슨 소린인지 이해가 안 갈 테니 그림
을 통해 다시 구체적으로 살펴보자.

정신적인 피해

'정신적인 피해'는 의사결정 구조의 제1단계인 감각 부분
에서 발생한다. 이미 상식으로 알고 있듯 감각은 후각, 미
각, 시각, 청각, 촉각 등 오감을 가리킨다.

　화장실에 막 들어가서 코를 움켜쥐는 것도 후각이 피해
를 입었기 때문이다. 음식이 정말 맛없다며 인상을 찌푸렸
다면 미각이, 방이 너무 지저분하다고 느꼈다면 시각이,
시끄러워서 견딜 수 없다고 느꼈다면 청각이, 다쳤다고 느
꼈다면 촉각이 피해를 입었다는 뜻이다.

　이처럼 외부요인을 수용하지 못하고 거부감을 느낄 때
우리는 정신적 피해를 입었다고 표현한다.

물질적인 피해

이 피해요소는 '의사결정 구조'의 제2단계인 지각 부분에서 일어난다. 감각적 요소를 통해 외부요인을 받아들였지만 막상 수용하고 보니 '어, 뭔가 이상한데' '이거 정말 너무하는군' 하고 느꼈다면 물리적 피해를 입었다고 할 수 있다.

예를 들어 요통의 경우를 보자. 당연하겠지만 요통을 앓고 싶어서 앓는 사람은 아무도 없다. 요통은 평상시처럼 생활하던 와중에 갑자기 몸에 이상이 나타난다. 즉 '의사결정 구조'의 1단계인 감각 부분에서 피해를 입은 것이다. 하지만 구체적으로 어떤 피해인지는 아직 분명하지 않다.

요통의 원인이 의자와 몸의 각도 차이 때문인지, 영양

가 없는 식사(미각)로 말미암아 뼈가 약해진 것인지 도무지 알 수가 없다. 즉 감각과 지각 사이에 균형감이 상실되었을 경우 물질적 피해를 입는 것이다.

대외적인 피해

대외적 피해는 '의사결정 구조'의 4단계인 가치관 부분에서 발생한다. 감각과 지각이 어느 정도 균형을 이루었지만 확실하게 이해되지 않을 때 대외적 피해를 입게 된다.

이해를 돕기 위해 당신이 서점에서 비즈니스 실용서적을 하나 고른다고 가정하고 이 책을 예로 들어보자. 시각적인 효과도 무시할 수 없기 때문에 그럴 듯한 표지의 책을 한 권 고른다. 이때 당신은 이미 물질적 피해를 입었다고 할 수 있다. 그래서 그 피해를 만회하기 위해 당신은 이

책을 구입한다. '고객 유치에 관한 노하우는 포르노 사이트에서 배우라' 는 문장이 눈에 띄어 '이 책 재미있겠는걸' 하는 의식이 발동하면서 감각적 요소와 균형이 유지되는 것이다.

앞에서 말했듯이 인간의 사고회로는 감각적 요소와 논리적 요소, 객관적 요소가 균형을 이룰 때 가장 이상적이다. 감각적 요소만으로는 객관적 판단이 불가능하기 때문이다. 특히 이 책은 감각적 요소가 강세를 보이기 때문에 당신은 자신의 가치관 확보를 위해서라도 책 내용을 꼼꼼히 읽어나가야 한다.

이렇듯 지금까지 인식했던 논리적 요소, 즉 상식과 기타 요소들이 일치하지 않을 때 대외적 장해는 심각해진다. 그렇다면 비상식은 무엇일까. 여기서 말하는 비상식은 감

각적 요소가 두드러져서 지금까지 알고 있던 상식과 완전
한 차이를 보이는 것을 말한다.

이제 여기까지 왔으니 당신의 머릿속에 나름대로 결론
이 지어졌을 것이다. 세 가지 피해항목에 대한 정의도 분
명해졌을 것이다. 단순히 이해하는 것으로 끝낼 것인가.
기한을 정해놓고 피해 보상을 강구할 것인가. 아니면 피해
를 전혀 개의치 않고 의연히 있을 것인가. 이 모든 상황을
종합적으로 판단하고 결정할 수 있는 능력이 생겼으리라
믿는다.

피해항목을 구체화하면 의뢰인의 니즈가 드러난다

이제 당신은 의뢰인이 어떤 피해를 입고 있는지 유심히 살
펴보기만 하면 된다. 정신적인 피해인지 물질적인 피해인
지, 그것도 아니면 대외적인 피해인지를 판단하기만 하면
된다. 피해항목도 세 가지에 불과하기 때문에 판단 자체는
크게 문제가 되지 않을 것이다.

의뢰인으로 하여금 새로운 수요를 창출하게 하려면 우
선 피해항목을 구체화해야 한다. 의뢰인은 자신의 피해항
목을 수정시키려는 의지가 곧 바람이기 때문에 막연히 '이
렇게 되었으면' 하는 심적 상태를 형상화하는 작업이 필수

적이다. 의뢰인의 관점에서 그 작업이 현실적이라는 판단
이 서면 그것은 곧 의뢰인의 최우선 순위가 되는 것이다.
시간적 제약을 뛰어넘어 '지금 곧 해야지' 하는 의지가 생
기는 것도 바로 이 시기다.

이러한 모든 작업이 순조롭게 끝나면 당신과 의뢰인 사
이에 길 하나가 뚫리게 된다. 이때 당신이 해야 할 일은 아
직 좁은 그 길을 안전하게 보수공사하는 것이다. 물론 이
공사는 무보수다. 보수공사가 제대로 진행되지 않으면 당
신은 궁극적인 목표를 이룰 수 없다. 따라서 의뢰인을 위
한 것이라기보다 당신을 위한 것임을 명심하라. 그렇지 않
으면 당신과 의뢰인 사이의 거리는 좁혀지지 않는다.

이제 문제는 실천하느냐 마느냐이다

이제 당신의 목표에 한 발자국 다가간 느낌이 드는가. 다
시 한번 살펴보자.

- 우선 수요가 있는지에 대해서 생각한다.
- 새로운 수요 창출이 가능한지를 고민한다.
- 의사결정의 구조원리를 이용하여 수요가 발생하기
  까지 모든 과정을 이해한다.
- 의뢰인에게 피해를 주고 있는 외부요인을 찾아낸다.

· 그 개선방법을 무료로 가르쳐준다.

한시라도 빨리 시도해보고 싶은 심정이겠지만 하나의 주의사항만 참조하라.

이혼 초읽기에 들어간 내 친구만의 이야기가 아니다. 내가 강조하고 싶은 것은 절대 빚을 져서는 안 된다는 점이다. 당신이 먼저 은혜와 호의를 베풀어야 한다. 그것도 철저히 베풀어야 한다. 약간 비굴해 보이지는 않을까 걱정될 수도 있겠지만 나이팅게일처럼 사회에 큰 공헌을 하고 자신을 희생해야만 비로소 인정받는 인물, 회사가 될 수 있다. 이것을 정확히 한 이후에 행동을 개시하라.

물론 '과연 봉사정신만으로 비즈니스를 할 수 있을까' 하는 불안한 마음도 있을 것이다. 그도 그럴 것이 기존의 비즈니스 실용서적에서는 눈을 씻고 봐도 찾을 수 없는 말들이기 때문이다. 그런 책들도 비즈니스가 제대로 되지 않는 이유를 지적하며 '돈 버는 방법' '비즈니스 성공비결' 등을 목놓아 외치고 있다. 하지만 성공이라는 것이 소리 몇 번 지른다고 해서 이룰 수 있는 것이 아니다.

나는 탁상공론이나 하는 학자도 아니고 다른 사람들의 이야기를 색깔만 약간 바꾸어 떠벌리는 사람은 더욱 아니다. 따라서 당신이 진짜 불안해하는 이유와 진정한 목표까지 모두 이해할 수 있다. 사업을 시작해 문만 열고 닫는 날

이 몇 개월씩 계속되다보면 불안해질 수밖에 없다. 숨이 막혀서 '이러다가 화병으로 죽는 건 아닐까' 하는 절망적인 생각이 드는 것도 다 이해한다.

하지만 지금 이 책을 읽고 있는 당신은 왜 장사가 안 되는지, 왜 상품이 팔리지 않는 것인지 깨달았을 것이다. 지금까지 고집한 마케팅 전략이 얼마나 구시대적 발상이었는지도 이해했을 것이다. 당신 머릿속의 기존 관념과 상식은 모두 의뢰인의 사고회로를 무시한 제안이자 이론이었고, 떠벌리기 좋아하는 사람들의 말장난에 불과했다. 따라서 그 누구도 상대해주지 않았던 것은 당연한 일이었다.

그러나 당신은 의뢰인의 사고회로를 해명할 줄 아는 기술을 배웠다. 사고회로를 구성하는 여러 요소들의 균형을 유지하는 방법도 터득했다. 그리고 당신은 자석처럼 사람들을 끌어당기는 힘을 얻게 된 것이다. 이제 남은 문제는 실천하느냐 마느냐 하는 것뿐이다.

비즈니스는 연애다

인기 있는 남자, 왕따 당하는 남자

가끔 재미있는 생각을 한다. 인기 있는 남자는 왜 인기가 있을까? 왕따를 당하는 사람은 무엇이 문제인가? 당신은 그 결정적 차이에 대해 고민해본 적이 있는가?

얼굴이 잘생긴 남자, 센스 있는 남자, 지적이고 예의바른 남자? 그도 아니면 말 잘하고 돈 많은 남자가 인기 있는 것일까? 모두 틀렸다. 아무리 못생긴 남자라도 터무니없이 눈만 높지 않으면 인간관계를 넓힐 수 있다. 센스 없고 약간 우둔해도 연애만 잘한다. 천장이 내려앉을 정도로 코를 곯고 이빨을 가는 사람도, 말 한마디 잘 못하는 남자도 결혼해서 잘 살아간다.

자신의 역량과 처지를 제대로 숙지할 수만 있으면 어느

누구와도 어울릴 수 있고, 연애는 물론 결혼도 할 수 있다. 말도 안 되는 이상과 욕심을 고집하기 때문에 아무도 상대를 하지 않는 것이다. 세상 모든 사람을 상대로 하겠다는 과욕만 부리지 않으면 얼마든지 인간관계를 만들어갈 수 있다는 이야기다.

하지만 이것은 어디까지나 최저 상황을 가정한 것이다. '나는 이 정도밖에 안 되니까' 하며 참고 살면 그리 힘든 일도 아니다. 그러나 당신은 여기에 만족하지 않는다. 성공해 영웅이 되려는 야심을 품은 당신에게는 어울리지 않는 약한 모습일 뿐이다. 영웅이 된다는 것은 특정 조건을 갖춘 사람들을 자신의 주변으로 끌어들일 수 있다는 뜻이다. 좋은 의미의 팔방미인이 되지 않으면 성공적인 비즈니스는 불가능하다.

좁고 깊은 비즈니스의 길

성공적으로 성장할 수 있는 비즈니스를 하려면 '좁고 깊은' 길을 걸어야 한다. 의뢰인을 모으고 자신의 경험을 바탕으로 아주 한정된 좁은 시장을 개척할 때 당신은 그 분야에서 성공할 수 있다. 성공 시점이 되면 당신과 그 길을 동행할 사람들도 모여들 것이다.

좁은 시장에서 가능한 한 당신이 원하는 사람들을 모아

야 한다. 그래야만 당신의 의뢰인들이 바라는 최종 결과를 완전히 파악할 수 있다. 당신이 원하는 조건에 해당하는 사람들을 고르는 과정을 통해 당신은 자신의 비즈니스가 나아가야 할 방향을 깨닫게 되며, 절대 샛길로 빠지지 않는 비즈니스를 운영할 수 있을 것이다.

거듭 강조하지만 비즈니스는 상대가 바라는 것을 보듬어주는 것이다. 그것이 현실성 있는 것이라면 '나도 할 수 있다'는 인식을 심어주어 시간적 제약을 초월한 실천으로까지 연결시켜야 한다.

마누라를 통해서 배우는 설득의 기술

사람을 설득하는 가장 설득력 있는 예를 들어보자. 이 기막힌 모델은 다름 아닌 내 아내다. 이 기술만 확실히 익히면 그대로 비즈니스에 적용할 수 있을 것이다.

부끄러운 이야기지만 아내와 처음 만났을 때 나는 뚱뚱보였다. 당시 프리랜서였던 나는 편의점에서 식사를 해결하며 하루 종일 잠만 잤다. 그러니 살이 찌는 것은 당연했다. 어느 날 정신을 차리고 보니 살찐 돼지가 되어 있었다.

이전까지만 해도 나름대로 인기 있다고 자부하던 나였지만 뚱보가 되고 나니 비참할 정도로 여성들에게 따돌림을 당했다. 못생긴 서러움이 이런 것이었단 말인가. 내가 입을 만한 옷도 없으니 간신히 몸만 가리고 다니는 정도였다. 차림새가 그렇다 보니 사람들도 이상하게 쳐다보았다.

아내는 처녀시절 백화점 코너 하나를 임대해서 고급브랜드 가방을 판매하고 있었다. 날씬한 몸매에 세련된 분위기의 그야말로 '멋쟁이' 여성이었다. 그녀에게는 늘 지적이고 세련된 향기가 느껴졌다. 아무리 봐도 그녀와 나는 어울리지 않았다.

이상형이 어디 있는지를 알면 그것으로 끝이다

지금에서야 하는 말이지만 당시 나는 여자라는 존재에 질려 있었다. 2년 동안 사귀었던 여자 친구에게 갑자기 버림을 받아 지독한 고독감에 시달리고 있었다. '날 버리지 말아요' '어디든지 따라갈래요' 하며 사랑했던 사이였는데도 내가 프리랜서 생활을 시작하자 떠나버렸다.

'이 사람과 평생을 같이할 수 있을까' 하는 불안을 느꼈던 것 같다. 그도 그럴 것이 나는 늘 '언젠가 스타가 될 거야' 라면서 꿈속을 헤매고 있었다. 이제는 모두 지나간 일이기 때문에 가슴이 아프지는 않다. 지금이야 모든 것을 현실적으로 보고 판단할 수 있지만 당시만 해도 나는 무력 그 자체였다. 그 상황을 벗어나려고 하기보다는 '나는 뚱뚱하니까' 라며 나 자신을 변명하고 합리화하는 데 급급했다. 공상을 즐기는 자아도취가 따로 없을 정도로 말이다.

아내를 만난 것은 바로 그즈음 유명한 기타리스트 후세타이(布袋演泰)의 콘서트에서였다. 예전부터 업무로 알고 지내던 광고업계의 관계자 덕분에 이틀 연속 진행되는 콘서트 티켓을 구할 수 있었다. 주변에서는 애인한테 차여 이젠 혼자 다니게 되었으니 참 안 됐다며 안타까워했지만 그리 신경 쓰이지는 않았다.

그러던 중 눈이 번쩍 뜨이는 정보를 입수했다. 나처럼 혼자 콘서트에 오는 여성이 있다는 것이다. 입장권을 건넨 사람은 "이틀 모두 옆자리로 해두었으니 잘 해보세요"라는 말도 잊지 않았다. 하늘이 내린 기회였다. 나는 그 기회를 놓치면 두번 다시 여자를 만날 수 없을지도 모른다고 생각했다.

Key point

나의 이상형이 어디에 있는지를 먼저 살핀다.

외부환경을 파악하라

하지만 당시 내 처지는 정말 기가 막힐 정도였다. 그런 정보를 콘서트 직전에 들었으니 다이어트를 할 수도 없었고 갑작스럽게 이미지 변신을 할 여유도 없었다. 아무리 머리를 쥐어짜며 고민해도 도무지 뾰족한 방법이 떠오르지 않았다.

냉정하게 생각해보니 '단 한방에 끝내자'는 생각으로 사귀어달라고 달려들기보다는 이틀 동안 한두 마디라도 말을 걸 수 있다면 성공적일 것 같았다. 그러니 자신을 가다듬고 서로 얼굴만 익히는 것으로도 충분하다고 생각했다. 어떻게든 결론을 지어야겠다는 강박관념보다는 '어떻게 하면 좋은 결과를 얻을 수 있을까' 하고 과정을 생각하는 것이 중요하다. 즉 기승전결 형식에 맞게 각각의 과정을 잘 메워 나가면 되는 것이다.

첫날은 일단 그녀를 못 본 척하자. 그리고 이틀째 '어, 어제도 오셨죠' 하며 말을 걸어보는 것이다. 그렇게만 할 수 있으면 어떻게든 되겠지. 이것이 바로 기승전결의 '기'에 해당된다.

다음은 승(승인) 부분. 나라는 사람은 누가 봐도 뚱뚱하고 볼품없는 남자다. 당연히 첫인상이 좋을 리 없다. 더구나 상대는 백화점에서 고급브랜드 가방을 취급하는 커리어 우먼 아닌가. 나를 위아래로 관찰하겠지만 나로서는 어떻게 손쓸 방법이 없다. 일단 내 처지를 인정하고 다음 행동을 하도록 하자.

시간은 계속 흘러 콘서트 날짜가 다가왔지만 구체적으

로 어떻게 행동해야 할지 전혀 떠오르지 않았다. 결국 일단 부딪쳐보는 수밖에 없었다.

Key point

말을 건넬 타이밍을 노려라

무작정 콘서트에 간 나는 우습게도 기타리스트의 음악에 몰입되었다. '그녀'의 존재는 까맣게 잊은 채 그의 선율에 취해 있었다. 옆 사람이 '이 사람 정말 웃기는군' 하고 여겼을 정도였다. 잠깐 곁눈질로 '아, 이렇게 생긴 여자구나' 힐끔거리고는 다시 음악에 빠졌다.

그렇다고 작전이 실패한 것은 아니었다. 옆 사람을 뚫어져라 쳐다보다가는 정신 나간 사람으로 취급당할 수 있기 때문에 첫날은 그 정도만 해두기로 한 것이다. 물론 아내는 그런 사실을 알 리 없었다. 결혼 직전에 애기했더니 깜짝 놀랐다. 지금도 가끔씩 "당신한테 완전히 속았어요!"라며 옛날 이야기를 한다. 이제야 형편이 괜찮으니 아무 문제없지만 파산 직전까지 갔을 때는 아마 결혼 자체를 후회했을지도 모른다. 그때는 하루 세 끼 챙기는 것도 힘들

정도였으니 말이다.

어쨌든 그렇게 그녀를 처음 만났고 이틀째 되던 날 운명의 순간이 다가왔다. 사실 당시 내 꼴은 그녀가 기겁을 할 정도로 말이 아니었다. 하지만 그것조차 작전이었음은 꿈에도 몰랐을 것이다. 늘 고급스럽고 우아한 사람들만 상대하는 그녀가 나처럼 지저분하고 볼품없는 사람을 접할 일이 있었겠는가. 어차피 정상적인 방법으로는 불가능하다면 다소 지저분한 방법을 쓸 수밖에 없었다.

그리고 또 다른 방법은 콘서트 시작 10분 전에 가는 것이었다. 자타가 공인하듯 나는 말주변이 없기로 유명했다. 괜히 일찍 가서 자기 무덤을 파는 것보다는 짧은 시간에 계기를 만들고 공연이 끝난 후 어떻게든 해보는 것이 낫다고 판단했다. 그때 상황을 다시 한번 재현해보자.

"(좌석에 1분 정도 앉아 있다가) 어, 어제도 오셨었죠?"
"(갑자기 왜 이러는 건가 하는 표정으로) 네, 그런데요."
"어제는 23열 정 가운데에 앉아 계셨죠. 제가 그 옆자리였거든요!"
"그러셨어요……."
"네!"

이게 전부였다. 내 실체를 들키지 않으려면 이 정도가

적당했다. 말주변 없는 사람은 얘기를 하는 것보다는 차라리 상대의 말을 잘 들어주는 것이 백번 낫다.

들기만 하면 이야기를 해야 할 필요도 없고, 대화가 자연스럽게 진행되기 때문에 무엇보다 그런 상황을 만드는 것이 중요하다. 이런 식으로 운만 띄우고 침묵하면 상대는 '왜 아무 말이 없지' 하고 궁금해 한다. 그러면 그 침묵을 깨기 위해 상대가 말을 걸어올 수도 있다. 처음에 짧게 말을 건 뒤 먼저 대화를 끊어보자. 분명히 상대가 말을 걸어올 것이다.

Key point

말주변이 없어도 잘 듣기만 하면 영업을 할 수 있다.
대화의 물꼬만 터놓고 침묵을 지키면 된다.

의문형만으로 진행되는 대화의 마술

그럼 계속해서 그날의 만남을 재현해보자.

"무슨 일을 하시나요?"

"먼저 있던 회사의 상사가 독립을 해서 지금은 그분을 도와 창업을 준비하고 있습니다. 저, 아가씨는 무슨 일을 하시는지?"

"백화점에서 가방을 판매하고 있어요."

"아, 그러시군요. 그런데 실례지만 성함이……?"

"마에자와라고 해요."

"전 하라사키라고 합니다. 반갑습니다!"

"네. 반갑습니다."

이렇게 서먹서먹한 대화가 이어졌다. 그때 아내의 심리 상태는 '이 사람 대체 뭐야' 였을 것이다. 나는 분명히 알고 있었다. 그녀는 지금 미소를 지으며 상대하고 있지만 나를 시간 때울 도구쯤으로 여기고 있다는 것을. 하지만 일단 그것만 성공하면 그녀는 내게 말을 걸어오게 되어 있다.

Key point

갑자기 얼굴을 들이밀면서 이런저런 말을 걸면 안 된다.
계속 듣기만 하는 것이 중요하다.

운명처럼 찾아온 기회를 놓치지 않는다

나는 운명이라는 것을 믿지 않는다. 자신의 인생은 운에 맡기는 것이 아니라 스스로 개척해 나가는 것이다. 하지만 아내와 만남에서는 이론이나 노력만으로 설명할 수 없는 운명의 사건이 발생했다.

어느 날 나에게는 행운을 안겨다준 바로 그 운명이 누군가에게는 비극일 수도 있다. 콘서트를 주최하는 측에서 보면 엄청난 비상사태였다. 공연장의 음향기기가 말썽을 일으켜 일정에 큰 차질이 생겼던 것이다. 얌체 같은 얘기지만 어쨌든 내게는 행운이었다.

어정쩡하게 시간이 남은 상태에서 그녀도 나처럼 시간 때울 만한 존재가 필요했다. 게다가 이미 그녀와는 말을 튼 사이였다. 나는 그녀가 물어보는 말에 그저 성의껏 대답만 하면 되었다. 공연이 취소된 것이 아니라 몇 분 정도 지체된 것이기 때문에 그녀의 처지에서는 공연이 재기될 때까지 시간을 때우는 것이 급선무였다.

시간이 약간 흐른 후 그녀에게 "시간이 좀 남네요" 하고 말을 건넸다. 그녀 역시 "그렇네요"라며 응수했고, 그 틈을 노려 "주스라도 한잔 하시겠습니까?"라고 하자 그녀는 "아뇨, 전 괜찮은데요" 하고 거절했다.

물론 나는 그런 반응을 이미 예상했다. 아무리 시간이

남아돌아도 처음 보는 남자를 무작정 따라나설 것이라고
는 생각지 않았기 때문이다. 오히려 무작정 따라나서면 어
쩌나 하는 걱정을 했을 뿐이다. 내가 그 상황에서 노린 것
은 그녀에게 시간이 애매모호하게 남았고, 그 시간을 때우
려면 내가 제격이라는 것을 다시 한번 확인시켜주고 싶었
을 뿐이다.

비즈니스 측면에서 보면 그녀는 나 같은 남자에 대한
니즈가 전혀 없었다. 하지만 우리에게는 이틀 동안 옆자리
에서 공연을 함께 관람했다는 공통의 목적의식이 생겼고,
그녀에게는 여유 시간을 때우기 위해 얘기할 상대가 필요
하다는 수요가 발생했다. 이미 말을 터두었으니 서로 얘기
를 거는 것쯤은 그리 힘든 일이 아니었다. 따라서 별다른
부담 없이 직업과 이름 등을 주고받을 수 있었다.

의식이 생겼다는 것은 가치관이 형성되었다는 뜻이기
도 하다. 이제 사고회로를 움직이기 위한 다음 작전으로
들어가야 한다. 그것은 자리를 뜨는 것이다. 말하자면 그
녀에게 대외적인 피해를 입히는 것이다. 외부요인을 통해
심리적 피해를 주고 그 피해를 보상받기 위한 바람이 생기
게끔 하는 작전이다.

갑자기 행사가 지연되어 시간을 허비해야 하는 상황에
서 눈인사라도 나눈 나라는 존재는 그녀에게 큰 위안이자
적절한 도구이다. 그런데 그런 내가 갑자기 자리를 비웠다

면 그녀 내부에서는 '빨리 돌아왔으면……' 하는 바람이 생길 수밖에 없다. 게다가 적어도 앞으로 몇 시간이 될지도 모르는 상황에서 상대가 없어진다는 것은 고통스럽다. '시간이 많이 남았네'라는 판단은 섰지만 그저 기다릴 수밖에 없기 때문에 나에 대한 간절한 수요가 발생하는 것이다. 물론 이후의 상황은 예상대로 진행되었다.

다시 나를 만나야 할 상황을 만들어라

저녁을 먹고 전화번호까지 주고받았다. 이쯤이면 모든 것이 끝났다고 생각할 수도 있겠지만 그건 너무 성급하다. 어느 정도 그럴듯하게 생긴 남자라면 가능하지만 나는 내가 봐도 심각할 정도로 볼품이 없었다. 따라서 성급하게 다가가기보다는 계속 머리를 써야 했다.

내가 그녀에게 계속 주의를 기울여야 하는 것을 '객관성'이라고 한다. 객관성은 본능을 거부한다. 따라서 나라는 존재를 그대로 수용할 수 있도록 시간 관리와 상황 조절에 많은 주의를 기울여야 한다. 그래야만 '이 사람, 의외로 괜찮은 면이 있네' 하는 반응을 얻을 수 있다.

전화번호까지 주고받을 정도면 이미 호감을 가졌을 것이라고 성급하게 판단해서 덥석 전화를 걸었다가는 도로 아미타불이다. 만남을 성공적으로 끌고가려면 적어도 그녀에게서 전화가 먼저 오게끔 만들어야 하는 것이다. 나는 그녀와 식사를 하면서 내내 그 궁리만 했다. 그리고 결국 해답을 얻었다. 즉 헤어지기 전에 '다시 만날 상황'을 만들어두는 것이다.

역시 예상은 적중했다. 다행히 두 사람의 음악 취향이 너무도 같았던 것이다. 내 차에는 음악 CD가 많았다. 그 가운데 그녀에게 없을 것 같은 CD 한 장을 골라주었더니 "이 음악 좋겠네요"라며 맞장구를 쳤다. 더구나 "저도 사서 들어봐야겠네요"라고 하는 것이 아닌가. 절호의 기회를 놓칠 수 없었다. "그럼 제가 빌려드릴게요. 다 들으신 후 돌려주십시오"라며 내 목표를 성실히 수행해 나갔다.

조바심은 실패의 지름길

그녀와 만남의 성공은 바로 여기에 달려 있다. 도저히 참을 수 없어서 먼저 전화를 건다면 상황 끝이다. 영업도 마찬가지다. 내 존재를 상대가 인정했느냐 아니냐는 내가 상대방에게서 전화를 받았느냐 못 받았느냐에 달려 있다.

나는 절대 전화를 하지 않았다. 만약 먼저 전화를 하면 상대방은 자신이 아직 결정도 못했는데 공격당한다는 거부감이 생길 수도 있다. 따라서 아무리 궁금해도 참고 있을 수밖에 없었다. 일주일 후, 드디어 그녀에게서 전화가 왔다. "CD를 돌려드리려구요." 이제 성공이다. 설마 CD만 달랑 돌려주겠는가. 저녁이라도 먹게 되어 있다.

실제로 나는 그녀와 저녁식사를 했다. 이제 기승전결의 승 부분을 성공적으로 마무리한 것이다. 이때도 너무 집요하게 굴어서는 안 된다. 애정결핍증을 앓고는 있었지만 다짜고짜 내 속내를 보일 수는 없었다.

이미 말했듯 나는 너무도 볼품없는 남자다. 이런 남자가 갑자기 애정 공세를 펼친다고 상상해보라. '당신의 마음을 받아드릴게요' 라고 할 여성은 세상 천지에 아무도 없다. 나는 자신을 달래고 위로하며 다음 약속을 잡기 위한 작전으로 돌입했다. "다음엔 제가 대접을 하죠. 데이빗 보위 콘서트가 있는데 같이 가시겠습니까?" 우리의 다음 약속은 그렇게 이루어졌다.

내가 성급하게 굴지 않자 그녀는 내심 '이 사람은 왜 내게 사귀자는 말을 하지 않는 걸까?' 라는 생각을 했던 것 같다. 그렇게 8주 정도가 지나자 그녀는 내게로 마음이 기울었고 결국 우리는 결혼을 했다.

Key point

- 기 – 처음 할 말을 준비
- 승 – 의문형으로 대화를 지속, 내가 먼저 대화 차단
- 전 – 관계 지속
- 결 – 교제

당신은 실용서적에 따라 춤추는 배우가 아니다

영업은 당신이 생각하는 것처럼 어렵지 않다. 어쩌면 상상 외로 간단할 수도 있다. 그러니 가능한 한 짧게 설명하겠다. 이야기가 길어지면 간단하다는 내 말은 거짓이 될 테니까.

· 맨 먼저 어떻게 말을 걸 것인지를 정해둔다.
· 시간 계산을 잘 한다.
· 상황을 잘 파악해서 질문 형식의 대화를 유도한다.
· 내 쪽에서 먼저 대화를 끊는다.
· 관계가 지속될 수 있도록 신중하게 행동한다.

한번쯤은 이런 의문을 가졌을 것이다. 영업이 그렇게 간단하다면 서점에 꽉 차 있는 그 책들은 다 뭘까. 더구나 막상 그 책들을 들춰보면 쉽고 간단하기는커녕 어려운 내용들뿐이니 말이다. 고객의 심리를 이용하는 심리 테크닉에서부터 눈동자와 손가락 움직임 하나하나에 이르기까지 주문 사항이 한두 가지가 아니다. 즉 이 책이 필요하면 사고, 아니면 말라는 식의 양자택일을 요구하는 책들뿐이다.

헤아릴 수 없을 만큼 넘치는 영업 노하우에 관한 책들 가운데 진실을 이야기하는 책은 얼마나 될까. 거의 없다.

오히려 그 책들이 오류를 범하고 있다. 모두 저자의 주관적 사고와 경험만을 가득 담고 있을 뿐, 실생활에서는 하나도 쓰일 데 없는 구시대 유물뿐이다.

하긴 나도 그런 책들을 경전처럼 여겼던 시절이 있었다. 파산을 눈앞에 두고 지푸라기 잡는 심정으로 집었던 책도 그런 책이었다. 지금 생각하면 너무도 우습지만 당시에는 비즈니스와 연애가 같으리라고는 상상조차 하지 못했다.

처음 읽었던 책은 제안영업에 관한 내용이었다. 책에서 시키는 대로 제안서를 만들어 '자, 이제 본격적으로 영업을 해보자!' 하고 기대에 부풀었다. 그러나 제안서를 선보일 기회조차 얻지 못한 채 끝나고 말았다. '속았구나' 하는 생각이 들었다.

다음으로 집었던 것은 직접 발로 뛰는 영업에 관한 책이었다. 눈동자의 움직임은 물론 자세 하나까지도 상세하게 소개해 '이 정도면 되겠는 걸!' 하는 심정으로 열심히 읽고 그대로 실천했다. 하지만 그 또한 마찬가지였다. 머리에 쥐가 날 정도로 어려웠다. 배우도 아닌데 어떻게 그런 연기를 하라는 것인가. 그때의 좌절감은 이루 말할 수 없었다.

그때부터 나는 좀더 쉽고 간단한 영업방법을 스스로 찾아나섰다. 직감적으로 이해할 수 있고 무리 없이 자유자재로 구사할 수 있는 영업 노하우를. 방법이 있다는 소문을 듣고 찾아갔더니 비용이 만만치 않았다. 하지만 부담을 감수하고서라도 확실한 영업방법을 배우고 싶었다.

그 방법은 미국식 마케팅으로 오로지 예스(yes), 아니면 노(no)만을 강요했다. 즉 고객에게 '잘 부탁합니다'가 아니라 '필요 없으면 됐습니다'라고 거절할 줄도 알아야 한다는 것이다. 영업도 하고 자존심도 세우고 정말 재미있을 것 같았다. 하지만 이 또한 뜻대로 되지 않았다. 오히려 고객들에게 반감만 살 뿐이었다. 필요한지 어떤지 묻는 것뿐인데 뭐가 잘못되었다는 말인가. 필요 없으면 사지 말라는데 뭐가 나쁘다는 것인가.

회의와 분노로 밤을 지새우다 문득 '비즈니스라는 고정관념을 깨야 하는 것 아닐까' 하는 생각을 했다. 단순히 사람을 사귄다는 관점으로 보면 그리 어려운 일도 아니다. 편안한 마음으로 다가가면 뭔가 해답이 나올 것도 같았다. 그래서 과거의 기억을 더듬기 시작했다.

그동안 겪었던 수많은 경험들이 주마등처럼 지나갔다. 언어장애아였던 기억, 늘 친구들에게 따돌림을 당했던 기억, 뚱뚱하고 볼품없었던 기억, 아내를 설득하여 결혼까지 하게 되었던 기억. 모든 기억들 속에 공통적으로 흐르는 것은 내가 순간마다 필사적이었다는 사실이다. 살아남기 위해 나는 늘 몸부림쳤던 것이다. 그 힘으로 파산 위기를 모면할 수 있었다는 것을 떠올렸다.

수다를 떨지 않아도 영업을 할 수 있다

지금까지의 영업방법이 제대로 먹히지 않은 것은 상대의 의사를 존중할 줄 몰랐기 때문이다. 당신의 존재를 승인받지 못하고 상대로 하여금 전혀 수요를 불러일으키지 못하는 영업은 영업이 아니다. 자신의 감정과 상황이 무시되었다는 고객의 반감이 당신 영업의 가장 큰 걸림돌이었던 것이다.

친분이 없는 사람에게 구매를 강요받으면 누구나 멈칫거린다. 신뢰가 구축되지 않은 사이라면 그 강도는 더 심하다. 그런 고객에게 당신 물건이 필요한지 어떤지를 묻는 것이 의미 있다고 생각하는가. 영업의 기본은 수요창출이다. 따라서 고객으로 하여금 스스로 수요를 인정할 수 있도록 만드는 것이 성공의 열쇠다.

이는 비즈니스든 연애든 마찬가지다. 자신의 가치를 인정받고 상대에게 당신이 없어서는 안 되는 존재라는 것을 인식시킨 이후에 '이제 어떡할까요?' 라고 질문하면 상대는 거리낌 없이 당신을 수용할 것이다. 단지 그것만으로도 당신의 매출은 천정부지로 솟아오를 것이다.

하지만 여전히 어려운 과제가 남아 있다. 고객에게 동

기부여를 하지 않으면 더는 진전이 없기 때문이다. 이제 수다를 떨며 고객을 괴롭히지 않고도 성공적인 영업을 할 수 있는 노하우를 살펴보자.

7 성실한 바보를 위한 성공의 법칙

성실한 바보를 위한 성공의 법칙

관객이나 주인공이 되는 선택은 당신의 몫

영웅은 늘 결론을 위한 과정을 중시한다. 결론만 보고 이렇다 저렇다 성급한 판단도 내리지 않는다. 자신의 궁극적 목표를 정확히 꿰뚫어보고 그것에 동참할 만한 사람들을 끌어 모으는 능력 또한 탁월하다. 성공한 영웅과 실패한 사람의 차이는 오직 그것뿐이다.

당신은 이 책에서 실로 많은 것을 배웠다. 자신을 다스리는 방법에서부터 매출을 배가하는 문장(시나리오) 만드는 법, 의뢰인을 지정하는 비법, 8주 만에 성공하는 방법, 의뢰인의 사고회로를 정확히 분석하고 이해하는 방법, 그리고 들어주기만 하는 영업방법에 이르기까지 다양하고도 파격적인 내용들이었다.

이제 남은 것은 '강한 의지로 행동' 하는 것뿐이다. 하지만 당신에게 갑자기 허허벌판에 던져놓고 '한번 해봐' 라고 하면 불안할 것이다. 더구나 지금까지 비즈니스 상식을 완전히 뒤엎는 내용들이니 '정말 괜찮을까?' '이 방법으로 성공할 수 있을까?' 라는 의구심이 드는 것도 당연한 일이다.

하지만 불안해하는 사람은 그대로 내버려두어야 한다. 그렇게 불안해하면서 중도하차하는 사람 덕분에 당신의 성공은 더욱 빛날 것이기 때문이다. 불굴의 의지로 끝까지 견디는 사람만이 성공할 수 있다.

당신은 영원한 관객으로 남고 싶은가? 절대 그렇지 않을 것이다. 다른 사람의 성공에 박수만 쳐야 한다는 것은 견디기 힘든 일이다. 모두에게 주목받는 주인공이 되어야 한다. 하지만 성공은 누가 가르쳐주는 것도 아니고 선물로 던져주는 것은 더욱 아니다. 당신이 가야 할 길은 당신 스스로 결정해야 한다. 눈앞의 상황에 충실하면서 그때그때 살아가는 당신의 인생을 반드시 나쁘다고는 할 수 없다. 하지만 당신이 원하는 성공과 변화는 기대하지 말아야 한다.

당신은 지금 당신의 인생을 자신의 힘으로 변화시켜야 하는 갈림길에 서 있다. 다른 사람의 성공을 지켜보는 관객으로 남을 것인가, 강인한 의지로 영웅의 길을 걸을 것인가 결단을 내려야 할 때가 온 것이다. 다시 한번 말하지만 어떤 길이 진리라고 단정할 수는 없다. 관객은 관객 나름의 의미가 있을 테고 영웅은 그 나름의 고충이 있기 마련이다. 사람은 저마다 다르기 때문이다.

어쩌면 영웅이 된다는 것은 고통일지도 모른다. 또한 자신의 행동에 전적으로 책임을 져야 한다는 심리적 부담감이 어깨를 내리누를 수도 있다. 따라서 나는 당신에게 '영웅이 돼라'고 주문할 수 없다. 선택은 당신의 몫이다. 하지만 '영웅이 되고 싶다면 자유로워지라'는 말은 꼭 해주고 싶다.

잘 나가는 경영자, 망하는 경영자

지금까지 수많은 경영자들과 만나며 그들의 고민과 고충을 들었다. 그리고 인터넷 상담 사이트에서 1500명이 넘는 사람들의 생생한 증언과 고통의 소리를 들었다. 그들을 통해 깨달은 것은 '성공하는 사람은 어느 한 부분을 명확히 하는 능력이 뛰어나다'는 사실이다. 늘 실패만 밥 먹듯 하는 사람들은 역시 그 부분에 문제가 있었다.

그 엄청난 차이는 무엇인가? 여기에 답하기 위해서는 용기가 필요하다. 하지만 엄연한 사실이니 어쩔 도리가 없다. 아무리 몸부림쳐도 실패하는 사람들의 공통점은 단 하나! 인사를 제대로 하지 못한다는 점이다. 배우고 싶으면

'가르쳐달라' 고 솔직히 말하라. '그런 것쯤은 필요 없어!' 라며 거만하게 굴지 마라. 다소 과장되어 보이더라도 겸손한 자세로 나가라. 그리고 어떤 형태로든 도움을 받았다면 '고맙다' 는 말을 전하라.

컨설팅을 의뢰했던 사람들에게 이런 말을 하면 "그런 거라면 당신이나 제대로 해보시지?" "상담이나 하지 그런 참견을 왜 하는 거요?"라며 발끈하는 사람이 있다. 그런 사람은 실제로 인사의 위력을 깨닫지 못하고 있다. 인사는 마음과 마음을 이어주는 중요한 기능을 한다. 기본적인 인사말 하나 없이 고객을 모을 수 있다고 보는가? 매우 유감스럽게도 이것이 바로 매출 하나 올리지 못한 채 머리만 쥐어뜯으며 망하고 있는 경영자들의 현주소다.

반면, '그렇게까지는 안 하셔도 되는데' 라고 느낄 정도로 공손하게 다가오는 사람이 있다. 이는 성공할 가능성이 높은 사람들의 특징이다. 이들의 첫마디는 대부분 "선생님 상황을 생각지도 않고 불쑥 찾아와 죄송합니다만 시간 좀 내주실 수 없겠습니까?"로 시작한다.

인사는 말 몇 마디 던지는 것이 전부가 아니다. 상대를 진정으로 존중한다는 마음의 표시다. 이것이 바로 잘 나가는 경영자와 그렇지 못한 경영자의 근본적인 차이다. 즉 인간의 도리를 올바르게 파악하고 있는가 아닌가의 차이라는 얘기다.

성공해서 많은 돈을 벌고 싶다면 첫 만남에서 인사 정
도는 확실히 하라. 이것이 벙어리 냉가슴 앓듯 마음 고생
만 하는 경영자들을 향한 진심어린 충고다. 진부한 설교처
럼 들릴지 모르지만 결코 그렇지 않다. 단지 돈을 논하기
전에 '자신의 태도를 바르게 하라' 는 제안을 했을 뿐이다.

앞으로 내가 할 얘기는 그것이 가능한 사람들을 향한
내용이다. 나름대로 자신만의 방식으로 산다면 어쩔 도리
가 없지만 기본적인 인사조차 안 되는 사람이 과연 성공할
수 있을지는 장담할 수 없다.

열심히만 한다고 성공하는 것이 아니다

인사만 제대로 해도 성공 가능성이 높다는 것은 어느 정도
이해가 되었을 것이다. 이른바 잘 나간다는 경영자를 보면
잘난 척하는 법이 없다. 그들은 '설마 그럴 리가' 할 정도
로 겸손하고 신중하며 모든 것을 냉정하게 판단한다.

이는 비단 경영자에게만 해당되는 이야기가 아니다. 영
업과 관련된 일을 하는 모든 사람을 향한 외침이기도 하
다. 인사 하나 제대로 못하는 상사 밑에서 백날 고생해야
허사다.

겸손이라고는 찾아볼 수 없는 경영자가 운영하는 회사
는 시간의 차이만 있을 뿐 패망의 길로 들어섰으니 미리

자신의 살길을 준비하는 것이 좋을 듯하다. 내가 바로 그 랬다. 현재의 사업을 시작하기 전인 스물세 살 때 유한회 사를 설립했다. 첫 직장에서 만난 상사분이 독립할 때 힘 을 보탰던 것이다.

하지만 그것이 비극의 시작이었다. 독립한 것까지는 좋 았는데 일거리가 없었다. 오히려 비용도 안 나오는 일의 주문만 계속 들어와 늘 일손이 달렸다. 앞뒤 생각하지 않 고 노동력을 투입했지만 견딜 수가 없었다. 하는 수 없이 사장에게 "이래서 사업이 되겠습니까?"라며 문제를 제기 했다. 그러자 오히려 "어쨌든 원하는 일을 하는 것만으로 좋은 거 아닌가"라고 반문했다. 나는 속으로 '그거야 당신 생각이지. 월급도 제대로 못주는 주제에!' 라고 외쳤다.

나뿐만 아니라 다른 직원도 마찬가지였다. 월급을 제대로 받지 못하는 날이 지속되자 당연히 불만의 소리가 높아졌다. 그러던 어느 날 내게 '고충처리반'이라는 새로운 임무가 주어졌고, 그날부터 직원들의 일거수일투족을 사장에게 보고하는 것이 하루 일과가 되었다.

누구든 불평듣기를 좋아하는 사람은 없다. 사장도 마찬가지고 나 역시 그렇다. 점점 스트레스가 쌓이기 시작했다. 당시에는 영업 노하우 같은 것이 없었기 때문에 '열심히 하면 성공한다'는 인식이 지배적이었다. 사장은 열심히 하라는 주문만 강요했다. 그러던 어느 날 나는 해고를 당했다. 하지만 정작 나는 아무렇지도 않았다. 이미 사장이라는 사람에 대해 면역이 생겼기 때문에 충분히 그럴 수 있으리라고 생각했다.

기본적으로 인간은 주관적인 존재다. 도움을 청할 때는 최대한 겸손한 자세로 나오지만 다급한 위기상황이 닥치면 누군가를 희생해서라도 살아남으려고 한다. 다른 사람에게 좌우되는 인생이라니 생각만 해도 끔직하다.

감각이 무딘 사람은 장사하지 마라

그 이후의 일은 말하지 않아도 알 것이다. 남들이 하는 만큼만 해서는 남보다 위에 설 수 없다는 말이 있다. 그러기

는커녕 자신의 무덤만 팔 뿐이다.

앞에서 인사의 중요성을 강조했지만 이는 극히 기본적이고 남들도 다 하는 것이다. 인사를 잘한다고 의뢰인들이 모여들지는 않는다. 당신이 영웅이 되느냐 마느냐 하는 최종 판단기준은 당신이 선택한 상품이나 서비스에 탁월한 재능이 있는가에 달려 있다.

나는 하고자 하는 일에서 나름대로 재능을 발휘했다. 과거의 경험을 발판 삼아 나에게 어떤 능력이 있는지를 파악했고 그 능력을 현실에 적용할 수 있는 감각도 키웠다.

감각은 너무도 중요하다. 감각을 구체적으로 적용할 수 있어야 자신의 분야에서 그 누구에게도 뒤지지 않는 일인자가 될 수 있다. 이를 능력이라고 한다. 단 당신의 능력을 발휘할 수 있는 기술을 배워서 활용해야만 그 능력이 '재능' 으로 승화된다.

그러므로 당신은 자신의 능력을 구체적으로 실현해야 한다. 효과적인 영업활동을 하려면 어떤 능력을 키워야 하는지 고민하라. 이제부터 능력을 재능으로 승화하는 방법에 대해 이야기해보자.

낡은 사고방식은 휴지통에나 버려라

지금까지는 독하게 마음먹고 열심히 뛰면 어떻게든 되었

다. 제품을 만들고 광고를 하면 웬만큼 팔렸다. 하지만 현대사회는 그렇지 않다. 수요와 공급의 균형이 붕괴되었을 뿐 아니라 오히려 과잉공급 추세이다. 따라서 당신의 영업이 가야 할 길은 수요 창출 부분에서 능력을 발휘하는 것뿐이다.

불과 몇 년 전까지만 해도 대부분의 기업에는 상사나 선배가 주축이 된 비즈니스 교육이 활발히 이루어졌다. 설교를 늘어놓으며 고정관념으로 똘똘 뭉쳐서 위엄을 부리는 상사들이 기업을 이끌었다. 하지만 지금은 다르다. 겉만 번지르르한 연공서열 제도는 존재하지 않는다. 오직 실력만이 모든 것을 결정하는 하극상의 시대다.

모든 사람들이 불경기라며 한탄을 늘어놓는다. 미래가 전혀 보이지 않는 우울한 나날이 계속되고 있다. 그런데 당신은 어째서 불경기가 왔는지 진지하게 고민한 적이 있는가.

물론 수요와 공급의 균형이 깨졌다는 것이 큰 원인이기도 하다. 수요를 창출하지 못하기 때문에 소비가 활성화되지 못하는 것도 사실이다. 하지만 더 근본적인 이유는 다른 데 있다. 경제활동, 즉 소비활동의 주체가 되는 연령층인 20대에서 40때까지의 사람들이 끊임없이 변화한다는 것이다.

현대는 공급자가 아니라 수요자가 시장을 주도하는 시

대로 전환되었다. 이는 나를 포함해 현재의 소비주체 세대들의 특성이 그대로 반영되었다고 할 수 있다. 지금 세대는 대부분 궁핍을 경험하지 않았다. 태어났을 때부터 모든 것이 풍족했고 끼니를 위해 고생한 적도 없다. 그러니 공급을 걱정할 일이 있었겠는가.

이런 경향이 영업을 하는 사람들에게 미치는 영향은 무엇인가. 요즘 사람들은 누구의 권유나 부탁으로 물건을 구입하지 않는다. 자신에게 필요한 것은 스스로 판단하고 결정한다. 따라서 구매를 권유받으면 '귀찮다' '방해가 된다' '당신 혼자 떠들어라' 하는 식의 반응을 보인다. 이렇듯 이 시대 사람들의 사고방식은 더는 연공서열에 좌우되지 않는다. '그런 생각은 휴지통에나 버리라'는 사고가 지배적이다.

지금은 이들이 소비의 주체를 이루고 있다. 당신의 사업이 위기를 겪지 않으려면 이들이 새로운 수요를 느낄 수 있는 방안을 강구해야 한다. 내 얘기에 '기가 막히다' 거나 '비겁하다'는 생각을 하는 사람도 있을 것이다. 하지만 '요즘 젊은이들이란……' 하면서 한숨만 짓다가는 신규고객의 확보는 물론 매출 신장은 불가능하다. 젊은 세대를 이해하려는 노력을 게을리 할수록 발전과 성공은 그림의 떡이라는 사실을 명심하라.

마케팅 상식이 붕괴되는 고객 피라미드

이런 사실을 쉽게 가르쳐주는 사람은 거의 없다. 고객유치 노하우를 논하는 사람들조차 알고 보면 과거에 '요즘 젊은 이들은……'이라고 한탄했던 이들이기 때문이다. 설령 알았다 하더라도 과감히 얘기하지는 못했을 것이다. 계약을 유치해야 하는 직업의 컨설턴트가 이런 사실을 알려주면 누가 사업을 하겠다고 달려들겠는가. 차마 지금 세대교체가 행해지고 있다는 이야기를 할 용기가 없었을 것이다.

고객유치 노하우는 분명 현재의 소비활동 주체들을 대상으로 해야 한다. 이들이 윤택하고 질 높은 생활을 할 수 있어야만 당신에게도 현금이 들어올 수 있다. 이제 이들의 특성을 몇 가지 살펴보자.

우선 이들은 광고를 믿지 않는다. '필요 없는 건 안 사'라고 주장하는 반면 '정말 갖고 싶은데'라는 생각이 들면 누가 시키지 않아도 광고를 찾아나선다. 그럼 광고를 본 이후에는 어떻게 행동할까. 광고 때문에 사겠다는 생각을 할 수도 있지만 그건 어디까지나 생각일 뿐 덥석 사지는 않는다. 스스로 이해가 가고 결정을 내릴 때까지 인터넷이나 친구를 통해 끊임없이 알아보고 고민한다. 많은 사전정보를 입수한 뒤 자신의 행동방향을 결정하는 것이 요즘 세대의 특성이다.

여기서 당신이 꼭 명심해야 하는 것은 이 세대가 즉흥적으로 움직이지 않는다는 사실이다. 그러므로 당신이 무조건 파고들거나 집요하게 권유해서는 안 된다. 상대방의 사고방식과 가치관을 무시한 채 다가가면 그들로부터 경계당하기 쉽다. 거부해도 계속 권유하기 때문에 거절당하는 것이다. 필요하다는 인식을 하면 지체 없이 구입하는 것이 그들의 습성이기 때문이다.

설령 단골고객이라 해도 너무 무례하게 굴지 마라. '이 사람, 또 팔아먹으려고 하는군!' 하는 느낌을 받는 순간 당신의 의뢰인은 등을 돌리고 말 것이다. 이것이 지금 세대 소비층의 현주소다.

따라서 마케팅 서적들이 귀가 따가울 정도로 외쳐대는 '고객 피라미드'는 더는 통용되지 않는 세상이 되었다. 가

망고객이 어떻고, 기존고객은 어느 정도고, 단골고객은 어떠하다는 식의 공식은 이제 완전히 구시대의 유물이 되어버린 것이다. 고객 피라미드의 치명적 약점은 발상 자체가 '얼마나 팔아주느냐'를 기준으로 성립되어 있다는 점이다. 물론 공급 위주의 거품경제 시대에는 가능성이 있었을지 모르지만 이제는 통하지 않는다. 더는 경제를 공급 위주의 관점에서 바라보아서는 안 된다.

인터넷을 다스리는 자가 이긴다

어쩌면 당신은 '내가 어떻게 인터넷을……' 하며 비관적인 표정을 지을지도 모른다. 하지만 당신 스스로 성실한 바보라고 잘라 말할 수 있다면 아무 문제없다. 너무 복잡하게 생각하지 마라. 인터넷만 열심히 관리하면 어느새 당신은 차세대 고객유치 시스템을 제작하고 관리하는 위치에 서 있을 것이다.

'어디서 많이 들어본 얘기'라는 생각을 했다면 한창 '정보의 바다'라는 말이 유행하던 시절 비싼 대가를 치르고 덥석 홈페이지를 만들었던 아픔이 있을 것이다. 비용도 만만치 않았다. 물론 당시로서는 상당히 진취적인 발상이었다. 하지만 홈페이지를 만들었다고 해서 고객들이 저절로 몰려들지 않았을 것이다.

이제부터 나와 함께 경제적인 홈페이지를 한번 만들어 보자. 우선 지금까지 한 이야기를 생각하면서 '고객이 내 물건을 사게 하려면?' 하는 겸허한 마음을 갖는 일이 급선무다.

메워 나가는 순서는 결론 부분부터가 좋다. 그 다음에는 승, 그리고 기 부분도. 그 정도만 진도가 나가도 해답이 보일 것이다. 어떤 식으로 사업을 전개해야 할지 청사진도 나올 것이다.

물론 그래도 잘 모르겠다는 사람이 있을 수 있다. 그렇다면 이해가 될 때까지 이 책을 읽고 또 읽어라! 그 정도의 열정과 의지가 없으면 무슨 일을 해도 허사다. 그런 당신은 박수만 하는 영원한 관객으로 남을 수밖에 없다.

성공을 하고 또한 영웅이 되기를 원하면 당장 실행하라. 결론을 얻기 위해 무엇이 필요한지 복습하고 또 복습하는 길밖에는 없다. 힌트를 주자면 기승전결 빈칸에 들어갈 단어는 다음의 보기 가운데 세 개이다.

광고 게재상품, 명함, 광고, 인터넷, DM(Direct Mail),
상담, 재구매, MM(Mail Magazine: 이메일을 통해 홈페이
지 같은 양식으로 다양한 기사를 제공하는 신종 미디어), 아
무것도 하지 않는다, 상품과 서비스 제공, 무료상담, 의
뢰인의 최종목표.

싸야만 팔리는 상품, 비싸야 팔리는 상품

'싸야만 팔리는 상품'과 '비싸야 팔리는 상품'의 차이를
말하라면 당신은 대답할 수 있는가?

가장 적합한 판매방식을 위한 체크포인트
· 확실히 재구매 가능 상품이라면 싸게 팔아야 한다.
· 재구매 가능성이 높다는 것은 생필품이라는 뜻이다.
· 생필품은 이미 수요를 인정받은 상품이므로 싸게 파
  는 것이 고객에 대한 예의다.

위 질문은 당신 제품의 판매방식을 명확히 해두려는 의
도를 가지고 있다. 각 항목에 모두 Yes라고 답했다면 당신
은 아무 생각 말고 철저하게 저가판매로 밀고 나가야 한
다. '확실히 쌉니다'라는 광고만 내면 우선은 팔리게 되어

있다. 하지만 나는 '우선은' 이라는 단서를 붙였다. 따라서 우선은 팔리지만 지속적으로 팔린다고 단언하지는 못한다. 마음이 조급해져 광고를 계속 내지만 그 비용 역시 만만치 않아 안정적인 수입을 기대하기란 쉽지 않다.

무엇이 잘못된 것일까. 그 이유는 기승전결을 적용해보면 쉽게 이해가 될 것이다.

기-광고, 승-?, 전-?, 결-?

재구매가 행해지지 않은 이유는 분명하다. 가장 중요한 것은 광고에 올릴 상품, 즉 광고 게재 상품을 어디에 넣을 것인가 하는 점이다. 승이나 결 어느 부분에 넣는 것이 좋을지를 먼저 해결해야 한다. 대부분은 결 부분에 넣어야 한다고 대답할 것이다. 그리 나쁠 것은 없지만 내가 원하는 답은 아니다. 지금 우리는 생필품에 대한 이야기를 하고 있다. 생필품은 재구매를 전제로 하기 때문에 승 부분에 넣어야 한다.

그래도 쉽게 이해가 가지 않는 분을 위해 다시 한번 설명해보자. 그리고 각각에 대해 자세히 살펴보자.

· 경쟁사가 싸게 파니까 뒤지지 않으려면 우리도 싸게 판다.

· 고객의 발걸음을 유도하기 위한 미끼 상품이다.
· 정말 싸다는 인상을 주기 위해 입구 진열상품(광고상
품)만 싸게 판매한다.

어째서 당신은 경쟁사와 대립하는가

이 명제는 사업하는 사람의 99퍼센트 이상이 범하고 있는
실수다. 대부분 자사의 제품 가격을 경쟁사 가격에 맞추어
결정한다. 물론 시장 가격이라는 것을 무시할 수 없으니
참고자료로 활용할 수는 있다. 하지만 어떤 제품이든 싸면
그만이라는 발상은 위험하다.

소비자들이 가격만 보고 '정말 싸다. 하나 사볼까' 라고
느끼는 경우는 생필품뿐이다. 이런 단서를 분명히 이해했
다면 이제 당신은 경쟁사보다 싼 가격에 판매할 이유가 없
다. 유난히 싼 제품에 대해 소비자는 의외로 '괜찮은 물건
일까?' 하는 의심만 하거나 '이 회사가 이렇게 싸게 파는
속셈이 뭐지?' 라는 생각까지도 한다. 당신이 제품을 싸게
팔면 팔수록 '우리 제품에 자신이 없습니다' 라는 고백성
사를 하는 것과 다름없다.

그러므로 당신은 경쟁사보다 약간 비싼 가격 내지는 적
어도 동일한 가격을 책정해야 한다. 제품의 질만 좋으면
'역시 약간 비싼 상품이 좋다니까' 라는 평가를 받을 수 있

을 뿐 아니라, 기업으로 보면 자신의 상품을 더욱 자신 있게 판매함으로써 소비자들을 안심시킬 수 있는 효과까지 얻는다.

따라서 저가판매를 목적으로 한 광고 상품의 의의는 다음 세 가지로 요약할 수 있다.

· 오직 싼 가격만 의미가 있다.
· 어차피 사야 할 물건이라면 저렴하면서도 좋은 것을 사자.
· 싼 게 비지떡!

곰곰이 생각하면 그리 어려운 내용이 아니다. 사람들 대부분은 첫번째에 가까운 행동유형을 보인다. 생필품의 경우라면 이해가 가지만 그렇지 않은 경우에는 두번째 유형에 가깝다. 하지만 무조건 가격만으로 승부하면 스스로 자기 무덤을 파는 격이라는 사실을 잊어서는 안 된다. 소비자를 눈 가리고 아웅 하는 식으로 몰았다가는 바보 취급을 당하기 십상이다. 그러므로 경쟁사 제품과 분명히 차별되는 특징을 찾아 그 부분을 광고에 실어라.

경쟁사는 당신이 맞서야 할 상대가 아니라 같은 제품으로 시장을 형성하는 동반자다. 따라서 우리가 해야 할 일은 상대를 비방하고 시장 가격의 질서를 혼란에 빠뜨리는 사람들을 퇴치하는 것이다. 우리의 목표는 세번째이다. '싼 게 비지떡'이라는 근거와 증거로 무장한 뒤, 경쟁사보다 비싼 가격으로 판매할 수 있어야 한다. 분명히 말하지만 이는 진정한 영웅만이 할 수 있는 일이다.

나 역시 이런 전철을 밟아왔다. 파산 직전까지 내몰렸던 그즈음에는 늘 첫번째처럼 생각했다. 그런 사고방식으로는 절대 돈을 벌 수 없었고, 하루하루 생계를 걱정해야 할 정도로 비참한 나날이 이어졌다. 뭔가 결단을 해야 한다는 조바심에 시달리면서 '내 가치는 나 스스로 높이지 않으면 안 된다'는 결론을 내리게 되었다.

그때부터는 사업보다 내 가치를 끌어올리는 데 온 힘을 쏟았다. 언제까지나 가난뱅이로 남아 있을 수는 없었기 때문이다. 그 첫걸음은 경쟁사와 확연하게 구별되는 나만의 독창성을 찾아내는 일이었다. 어차피 해야 할 일이라면 같은 가격으로 좀더 질 좋은 상품을 만들어보자.

결과는 기대 이상이었다. 고객들이 모여들기 시작했고, 그것에 용기를 얻어 더욱더 양질의 상품을 제공했다. 결국 4개월 만에 나는 국내 최고의 컨설턴트가 되었다. 물론 기존의 전화나 팩스, 메일 등으로 컨설턴트 서비스를 제공하는 사람이 있었지만, 통신교육 형태로 행해지는 컨설턴트는 극히 드물었고 수입에서도 거의 정상급이었다.

이 모든 결과가 하루아침에 이루어진 것이 아니라는 사

실을 당신은 알고 있을 것이다. 현상을 객관적으로 지켜
보고 한 단계씩 천천히 밟아나가면서 현실과 접목시킨 덕
분이었다.

다시 원점으로 돌아가 생필품을 기승전결로 만들면 다
음과 같다.

기-광고, 승-광고상품, 전-?, 결-재구매

두말할 것도 없이 일단 고객이 매장으로 찾아오게끔 만
드는 미끼 상품을 광고에 게재한다는 전략이다. 생필품의
경우는 무조건 저렴하면 승산이 있다. 이때 미끼 상품의
광고 게재는 승 부분에 해당한다. 고객의 승인을 통해 재
구매라는 결론을 얻으면 바로 그때부터 당신의 사업은 본
격적인 궤도에 오를 수 있다.

하지만 여전히 문제는 남아 있다. 표를 보면 알 수 있듯
전 부분이 빠져 있다. 이를 채우지 않으면 재구매라는 결
론을 얻을 수 없기 때문에 이것은 매우 중요한 작업이다.
재구매를 성공적으로 완수하기 위해서는 다음 세 가지 사
항을 확실히 해두어야 한다.

· 실제로 사용했더니 틀림없는 물건이라는 사실을 알
  았다.

· 너무도 분명히 이해가 간다.

· 그 결과 '다시 한번 사봐야지' 하는 생각을 했다.

당신의 자존심이 상품의 신뢰도를 높인다

고객보다 먼저 상품을 직접 체험하는 것은 고객으로부터 승인을 얻기 위한 첫 단추다. 만족할 수 없는 제품은 신뢰할 수도 없을 뿐 아니라 기억에도 오래 남지 않는다. 그러면 시간이 지나면서 당신이라는 존재 역시 쉽게 잊혀질 것이다.

만족하느냐 못하느냐의 판단기준은 바로 '와!' 하는 감탄사다. 당신 스스로 '와!' 라고 외치지 못하면 고객 또한 그 제품에 대해 관심을 갖지 않는다. 오히려 '이게 뭐야!' 하는 불쾌감을 줄 뿐 아니라 경우에 따라서는 '돈만 버렸네' 라는 생각까지 들 수도 있다.

이런 상황에서 구매로 이어지는 반전을 기대할 수 없다. 아무리 뛰어난 화술과 영업력을 가졌더라도 상품에 만족하지 못하는 고객은 절대 지갑을 열지 않는다. 그러므로 적어도 한두 가지 정도는 고객이 감탄할 만한 요소, 즉 당신의 마지막 자존심을 갖추어야 한다.

그러기 위해서는 단순히 상품만 달랑 전달하기보다 상품설명서 등을 첨부하는 편이 훨씬 효과적이다. 2장을 참고해 멋진 상품설명서를 만들어보라. 그리고 반복해 여러 번 읽은 다음 직접 실천해보라. 2장을 읽은 후 5장으로 넘어가 고객이 어떤 외부환경에 좌우되는지 판단한 뒤에 사용설명서를 작성하면 더욱 효과적이다.

이런 작업은 당신의 제품을 구입한 고객에게 만족감을 줄 뿐 아니라 제품의 신뢰도를 높일 수 있다. 이는 재구매로 연결되는 승인 단계까지 보장해준다.

그냥 내버려두어도 저절로 되는 재구매

당신의 자존심까지 전달하는 모든 작업이 끝났다면 이제 당신이 할 일은 다했다. 편안하게 그냥 기다리기만 하면 된다. 당신은 이미 고객에게 승인을 받은 몸이기 때문이다. 조용히 때를 기다리면 고객은 모여들고 제품은 팔릴 것이다. DM을 발송해 단골고객으로 만들어야겠다는 따위의 궁색한 행동을 하지 않아도 저절로 판매가 된다.

실제 재구매로 연결되지 않는다면 그것은 당신에게 문제가 있기 때문이다. 당신이 크게 염두에 두지 않은 고객이라면 별 문제없지만, 애써 지정한 의뢰인조차 재구매의 기미를 보이지 않는다면 뭔가 분명한 이유가 있을 것이다.

만약 당신이 이런 문제에 직면하면 지금까지의 얘기들을 되새기며 복습하라. 자신의 가치가 제대로 전달되었는지, 의뢰인 지정방법에 오류는 없는지, 성공조건을 모두 갖추고 있는지, 의뢰인이 안고 있는 외부요인을 해결할 능력이 있는지, 의사소통의 문제는 없는지 등을 다시 한번 살펴보라.

이제는 분위기 반전이 필요하다. 고객의 분위기를 전환한다는 것은 속임수나 잔꾀로 그들을 현혹시키는 것이 아니라, 고객 또는 의뢰인에게서 당신의 존재와 제품을 승인받고 그들과의 진정한 의사소통을 도모하는 작업이다. 따라서 성급히 다가가기보다 마음을 활짝 열고 기다리기만 하면 된다. 고객들은 당신을 향해 '이럴 땐 어떻게 하면 될까요?' 하면서 다가올 것이다. 당신은 그저 그 질문에 대답만 해주면 된다. 그것이 당신이 할 일이다.

그런 식으로 질의와 응답을 주고받다보면 고객은 당신에게 '제가 지금 이러이러한 상황인데 뭐 적당한 물건 없을까요?' 하면서 자신의 고민과 바람까지도 서서히 내비친다. 그때 당신은 '네, 이런 제품이 있기는 합니다만' 하고 응대해주면 된다. 이것이 재구매의 원리인 동시에 과정이다.

Key point

- 기 – 광고
- 승 – 광고상품
- 전 – 아무것도 하지 않고 기다리기
- 결 – 재구매

생면부지 고객의 경우에는 어떻게 할 것인가

일반적으로 생필품은 직접 매장에서 구입하는 경우가 많고, 자동차로 가도 15분 이내가 주요 상권이기 때문에 가만히 앉아서 기다리는 것만으로도 영업은 가능하다. 하지만 제품 특성상 약간의 제약이 따르는 경우 상황이 전혀 달라진다. 또한 생필품처럼 지역밀착형 영업도 불가능하기 때문에 상권 확대가 불가피할 수밖에 없다. 최근 통신판매나 홈쇼핑이 주류를 이루는 것도 이런 배경에 기인한다. 그러지 않고는 '대박 매출'은 그림의 떡인 것이다.

내가 아무리 기상천외한 광고로 떠들어대도 시골에서는 알려는 사람을 찾아보기 힘들었다. 설령 있더라도 사전지식이 전무해 시간 소요가 많은데다 목이 아프도록 무료 상담을 해주어도 그럼 어떻게 해야 하느냐는 맥 빠진 반응 일색이다.

상담이 끝나면 하나같이 비용은 어느 정도냐고 질문한다. 문제는 그때부터다. "기존 광고를 다시 제작하려면 기획 비용이 발생하는데 괜찮으신가요?"라고 물어보면 두 사람 중 하나는 난색을 표한다. 그러면서 '그 정도는 서비스로……' 하는 식의 황당한 요구를 늘어놓았다.

더는 참을 수 없었다. 기름 한 방울 나지 않는 나라에서

비싼 기름 써가며 달려가 무료상담을 했는데 어떻게 기획 비용까지 서비스로 해달라는 말을 할 수 있는가? 멋진 광고를 만들어달라고 해놓고 거기에서 발생하는 비용은 인정할 수 없다는 놀부 심보를 도저히 감당할 수 없었다. 물론 나 역시 지출을 달가워할 리는 없다. 하지만 다른 사람의 땀까지 공짜로 가져가겠다는 것은 너무하지 않은가!

이처럼 지역적 특성이나 문화적 차이의 영향을 받는 상품들은 상권을 한정시켜서는 안 된다. 지역밀착형 영업을 고집하다가는 절망의 수렁으로 빠지게 될 것이다.

많은 고민 끝에 새로운 시도를 하기로 했다.

Key point

· 기 – 광고
· 승 – 상담(나의 문제점으로, 늘 이 부분이 불안정했다)
· 전 – ?(상대방에 의해 좌우된다)
· 결 – 상품과 서비스 제공

인터넷을 새로운 각도로 접근하라

새로운 시도란 다름 아닌 통신판매다. 인터넷을 적극적으로 활용하다 보면 불안정한 내 사업에 활로가 열리지 않을까 하는 기대가 생긴다. 그때까지만 해도 지지부진하던 비즈니스를 구체적으로 형성하는 작업이 급선무였다.

이상한 것은 종업원일 때는 회사 매출을 쉽게도 올렸는
데 막상 내 사업을 시작하니 하루 매출을 챙기기도 벅찼
다. 뭔가 결단을 내려야 한다는 고민 끝에 인터넷에 모든
것을 걸겠다고 결심했다. 생면부지의 고객에게 승인을 얻
어낼 수 있는 방법을 개발하려는 의도였다.

내용인즉 우선 지역신문 사이트에 광고를 낸다. 소책자
를 만들어서 그 책 내용을 약간 소개한 뒤 '이 책의 내용은
제 홈페이지에서도 보실 수 있습니다' 라는 글과 함께 홈페
이지 주소도 싣는다. 이렇게 간단한 작업만으로 지방의 고
객들과도 접촉할 수 있는 환경을 설정할 수 있다.

전국을 상권으로 제대로 광고를 하려면 막대한 비용이
소요된다. 그 광고비를 감당할 수 없기 때문에 머리를 써
야 한다. 하지만 당시만 해도 나는 정보기술 분야에 대해
서는 문외한이었기에 적잖은 시행착오를 겪어야 했다. 그
러다가 결국 인터넷상의 모든 사이트를 장사꾼이 아닌 고
객의 처지에서 방문하는 일부터 시작했다.

3개월 후, 메일 매거진이 있다는 사실을 알았다. 처음에
는 뭐가 뭔지 알지 못했다. 왜 그런 것이 필요한지도 이해
하지 못한 채 이것저것 조사하느라 혈안이 돼 있었다. 서
점에서 인터넷을 통한 고객 유치법과 관련된 책은 모조리
구입해 읽었다.

그런데 책의 내용은 하나같이 조잡했다. 가만히 손을

놓고 있어도 돈이 들어온다느니, 인터넷은 자동판매기라느니 하는 전혀 근거 없는 말만을 늘어놓았을 뿐 실제 도움이 될 만한 내용은 찾아볼 수가 없었다.

인터넷을 통한 영업은 분명히 장래성이 있다. 나 역시 그 덕을 톡톡히 보고 있기 때문에 부인할 수 없는 사실이다. 하지만 아무나 성공할 수 있는 분야는 절대 아니다. 더욱이 '8주 만에 성공할 수 있는가?' 하는 질문에는 더욱 아니다. 당신을 현혹시키려는 사기꾼과 돈을 벌 수 있다는 꿈같은 이야기를 늘어놓는 컨설턴트들이 아무 제약 없이 설칠 수 있는 공간 또한 인터넷임을 명심해야 한다. 그러므로 당신 스스로 연구하고 찾아 나서야 한다.

인터넷을 성공적으로 활용한 사람들의 특징을 찾은 결과 나는 다음과 같은 답을 얻었다.

· IT산업이 도래하기 전부터 홈페이지를 운영했기 때문에 당시로서는 주목을 받았다.
· 매스컴도 관심을 보였다.
· 매스컴은 과거의 이력을 중시하기 마련이다.
· 매스컴까지 동원한 반복적인 광고를 할 수 있었다.
· 이런 기업은 고객의 신뢰를 얻어 매출이 향상되었다.
· 매스컴에 등장하지 않고도 성공하는 사람들의 경우에는 저명인사와 연줄을 활용했다.

· 폭넓은 인간관계를 통해 성공적인 비즈니스를 영위
하고 있다.

결론은 누구의 힘도 빌리지 않고 자신의 사업을 정상궤
도에 올릴 수는 없다는 것이다. 매스컴의 주목을 받은 경
력도 없고 저명인사와 연줄도 없는 나로서는 뭔가 다른 방
법으로 고객을 유치하지 않으면 안 되었다.

고객 유치의 노하우 메일 매거진

어떤 책에서 이런 문구를 읽은 적이 있다. '메일 매거진은
전면광고다. 잘만 활용하면 15퍼센트 이상 매출을 향상시
킬 수 있다.' 약간 의아했다. 메일 매거진이란 단순한 읽을
거리다. 그래서 메일이 오면 읽게 되는 것이다. 만약 의도
적으로 보낸 광고라면 누가 열심히 클릭하며 읽겠는가. 광
고라는 것을 알면서도 매번 읽는 바보는 없을 것이다.

그 순간 머리를 스치는 무언가가 있었다. 메일 매거진
은 자신이 알고자 하는 자료를 공짜로 받아볼 수 있는 유
익한 수단일 수 있다. 그렇다면 내가 보내는 메일 매거진
이 누군가에게는 도움이 될 수 있을 테고, 그러면 그 사람
은 바로 나를 승인해주는 의뢰인이 될 수도 있는 것이다.
단순한 광고가 아니라 자료라는 형태를 빌어 익명의 사람

들에게 메일 매거진을 보내는 것은 어떨까.

나는 다시 한번 기승전결을 적용해보았다.

기-광고, 승-메일 매거진, 전-?, 결-상품과 서비스 제공

이제 서서히 감이 오기 시작했다. 상업적 분위기 없이 유익한 자료를 계속 받아볼 수 있다면 고객의 입장에서는 무엇보다 이상적인 상품인 동시에 서비스일 수 있다. 그렇게만 되면 계속해서 메일을 보내도 별 거부감 없이 받아들일 것이다. 바로 그즈음, 메일 매거진 발신을 중단해보자. 아내를 설득했을 때와 같은 방법인 '다음 메일 매거진에 계속됩니다!' 라는 메시지와 함께 말이다.

당시 메일 매거진을 이용해 영업을 하겠다는 사람은 거의 없었고 대부분 인터넷을 잘 이용해 고객을 유치하려는 생각이 지배적이었다. 따라서 내 시도는 모험이었다. 하지만 놀랍게도 예상은 적중했다.

내가 먼저 대박의 혜택을 보게 된 것이다. 너무도 색다르고 다소 생소한 이 방법의 효과와 가치는 바로 시대가 증명하고 있다. 만약 믿어지지 않으면 고객 유치 노하우에 관해 언급하는 메일 매거진을 한번 구독해보라. 내 방법을 단편적으로 응용하고 있는 사이트가 꽤 많다는 것을 알게 될 것이다.

어떤 메일 매거진을 띄울 것인가

어떤 메일 매거진을 띄울 것인가의 대답은 이미 2장에서 충분히 언급했다. 자신의 경험과 실패담을 진솔하게 적기만 하면 된다. 전체 내용을 4등분해 3일마다 한번씩 띄운다. 이때 주의할 점은 메일 내용을 최대한 객관적이면서 진실하게 써야 한다. 그렇기 때문에 한꺼번에 쓰기보다는 4회 분량으로 나누어 차근차근 써라.

작업 자체가 어렵지 않기 때문에 실천 여하에 따라 엄청난 결과의 차이를 보일 것이다. 물론 처음 시작하는 사람에게는 그리 쉬운 일이 아니다. 하지만 세상에 쉽게 성공하는 길은 없다. 힘겨운 과정을 거치며 땀과 눈물을 흘린 사람만이 결과를 즐길 수 있다.

4회에 걸쳐 당신의 경험을 충분히 전달했다는 생각이 들면 5회째 메일 매거진에서는 무료 상담회를 열어라. 독자의 의견이나 고민 등을 듣고 해결방법을 제시하는 것은 물론 상대가 어떤 외부요인에 좌우되고 있는지 파악해 보수공사를 하는 것이다. 일방적이 아니라 독자와 의견을 주고받는 메일 매거진! 이 얼마나 멋지고 유익한 읽을거리인가. 그뿐만 아니라 그 참여 자체가 당신이 인정받았다는 살아 있는 증거인 셈이다.

하지만 보내는 사람은 계속 보내고 받는 사람은 아무

반응 없이 읽기만 하는 메일 매거진은 아무 의미가 없다. 또한 사업주 쪽에서도 고객에게 인정받지 못할 뿐 아니라 자칫 지루한 메일이 될 위험성도 높다. 그러므로 고객의 반응이 없으면 즉시 내용을 수정해 다시 한번 도전해야 한다(내 경험으로 세 번 정도 시도하면 효과가 나타난다).

Key point 각 지방과 전국을 상권으로 하는 경우

- 기 – 광고
- 승 – 메일 매거진
- 전 – 무료 상담회
- 결 – 상품과 서비스 제공

기승전결 표가 완성되었다. 이제 중요한 것은 각 부분이 제대로 기능해야 한다는 점이다. 그러므로 기와 결 부분을 다시 한번 검토해보자.

광고비 한푼 들이지 않고 돈 버는 방법

솔직히 지금 설명한 방법은 지역을 상권으로 했을 경우라면 몰라도 전국을 상대로 통신판매를 했을 때는 제 기능을 다하기 어렵다. 여전히 기와 결 부분이 불완전하기 때문이다. 이제부터 이 부분을 확실히 해두자.

우선 기 부분을 살펴보자. 인터넷 영업에는 크게 두 가지 방법이 있다. 첫째는 광고비를 무제한 투입해서 고객을 모으는 법, 둘째는 공짜로 고객 유치하는 법이다. 물론 첫째 방법을 택한 사람도 돈 드는 것을 좋아할 리 없다. 누구나 최소의 비용으로 최대의 효과를 노린다. 그렇다면 돈 한푼 들이지 않고 돈 버는 방법을 알아보자.

너무 거창하게 들렸을지 모르지만 그리 어려운 일이 아니다. 예를 들어 메일 매거진을 무료로 배송하는 일을 하는 통신사가 있다. '이런 메일 매거진이 있는데 한번 읽어보시겠습니까' 하는 식으로 인터넷에 올려주는 것이다.

그러니까 당신은 아무것도 염려할 필요가 없다. 강한 의지만 있으면 얼마든지 도움을 받을 수 있다. 고객이 정신없이 몰려들면 잠시 짬을 내어 그 통신사에 감사하다는 메일 매거진을 한 통 띄워주면 끝이다.

이런 방법으로 약 400~3000명까지 독자가 모여든다. 이는 가장 평균적인 수치로, 만약 400명도 안 되는 경우라면 뭔가 문제가 있다. 카피를 잘못 뽑았거나 의뢰인에게 피해를 입히는 외부요인을 제대로 파악하지 못했거나 여러 이유를 생각할 수 있다. 하지만 무엇보다 중요한 것은 한번에 성공하겠다는 욕심은 금물이다.

아무튼 적어도 세 번 정도는 도전하라. 어디가 잘못되었는지 확인하면서 될 때까지 해보겠다는 의지만 있으면 대박법칙이 당신의 현실로 다가올 것이다.

인터넷에서 팔 수 있는 것, 팔 수 없는 것

로또의 단꿈에 젖은 사람이라면 '왜 그렇게 귀찮은 일을 하려는 건가' 라는 생각을 할지도 모른다. 그런 사람들 때문에 당신에게는 성공의 기회가 주어진다. 아무나 선뜻 덤벼들 수 있는 일이 아니기 때문에 가능성과 확률이 높아지는 것이다. 이것은 성공을 향한 훈련이기도 하다. 어쩌면 자석처럼 고객을 끌어당기기 위한 시련일지도 모른다.

우선 이 시련을 극복할 수 있도록 분발하자. 다음은 결론 부분으로 고가의 상품을 한순간에 판매한다는 것은 불가능하다. 수십 만원씩 하는 물건을 덥석 사는 사람은 거의 없기 때문이다.

친분이 있는 사이라면 모르지만 얼굴 한번 못 본 고객을 상대로 하는 경우에는 가볍게 생각할 수 있는 적당한 가격의 상품을 준비하는 것이 좋다. 앞에서 언급한 '재구매가 가능한 저가상품 판매'의 경우 부분을 반복해서 읽어보면 더욱 이해하기 쉬울 것이다. 그 내용에 충실하고 상품 선택만 제대로 한다면 매출을 걱정할 필요가 없다.

그렇다면 상품 선택의 기준은 무엇인가. 한마디로 말하면 의뢰인이 원하는 상품이다. 내 경우 다섯번째 메일 매거진에서 무료 상담회를 개최하는데, 이 상담회의 진짜 목적은 의뢰인이 원하는 최종 결과를 확실히 파악하기 위해서다. 이 과정을 통해 어떤 상품을 제시해야 하는지를 분명히 할 수 있다.

내가 취급하는 상품은 '성공을 보장하는 광고제작 기법'이었다. 그래서 이 책의 3장과 4장을 프린트하고, 당시 띄웠던 메일 매거진 일련번호도 함께 프린트해서 5만 원에 판매했다. 인터넷이 무언지도 몰랐을 때이니 지금 생각하면 정말 꿈 같은 이야기다.

하지만 이제는 길바닥에 기름을 뿌려가며 이곳저곳을 다닐 필요가 없다. 목이 터져라 상담할 필요도 없다. 그럼에도 단지 내 과거 경험담을 프린트한 것으로 60명의 신청자로부터 300만 원이라는 현금을 거머쥘 수 있었다.

그래서 어떻게 됐다는 거지

솔직히 '그래서 어떻게 됐다는 거냐'라고 묻는다면 약간 당황스러운 것은 사실이다. "그렇게 많은 공을 들여 겨우 300만 원을 벌었다는 거요?"라고 묻는다면 나는 그저 "예, 그렇습니다"라고 대답할 수밖에 없다. 그리고 "그게 무슨 대박법칙이라는 거요?"라고 물으면 "티끌 모아 태산이잖습니까. 이게 바로 대박을 터트리는 장사의 첫 단추라고요"라는 말밖에는 할 말이 없다.

한번 생각해보자. 광고비 한푼 들이지 않고 300만 원이라는 현금이 들어왔다. 더구나 생면부지의 고객들로부터. 중요한 것은 돈을 떠나 광고비 한푼 투자하지 않고 생면부지의 고객들이 나를 믿고 상품을 구입했다는 사실이다. 당장은 미약하지만 이것이 지속된다면 대박의 주인공이 되지 말라는 법이 어디 있으랴.

다시 한번 기승전결 표를 살펴보자. 앞부분과 내용은 같지만 의미는 다르게 느껴질 것이다.

  · 기 – 광고
  · 승 – 메일 매거진
  · 전 – 무료 상담회
  · 결 – 상품과 서비스 제공

당신은 이것을 보며 '아하, 그렇구나!' 하면서 무릎을 쳤을지 모른다. 그랬다면 당신은 아직 멀었다. 설마 평생 동안 이 표만 채워가며 메일 매거진을 보내겠다는 계획을 세운 것은 아닐까. 언제까지 무료 상담회를 열 작정인가.

인간은 편안한 것을 추구하는 존재다. 어떤 행동을 하지 않아도 저절로 의뢰인들이 모여드는 방법이 있다면 어떨까. 나뿐만 아니라 당신 또한 그런 바람이 있을 것이다. 지금부터는 메일 매거진을 계속적으로 발행하지 않아도 영업할 수 있는 원리에 대해 이야기해보자.

모든 비즈니스는 이런 형태로 자리 잡는다

지금까지의 얘기는 인터넷 통신판매에 관한 내용이었다. 광고비 한푼 들이지 않고도 의뢰인들을 모여들게 하는 방법이기 때문에 아마도 지금쯤은 매출에 도움이 되었을 것이다. 이제부터는 조금 적극적인 방법을 강구하자. 즉 수십만 원 내지 수백만 원을 투자해서 지속적인 매출을 보장하는 방법 말이다.

우선 지금까지 보냈던 메일 매거진을 당신의 홈페이지에 모두 올려보라. 판매로 이어지는 전 과정을 인터넷 위에 재현하는 것이다. 맨 처음에는 바탕화면이 오고 그 다음에는 메일 매거진, 마지막으로 판매를 위한 광고 페이지 순서로 고객들이 천천히 읽을 수 있도록 꾸미면 된다.

다소 번거롭지만 이런 작업을 해야 하는 것은 인터넷을 장악해야만 새로운 세상을 열 수 있기 때문이다. 발로 뛰는 영업은 이제 큰 의미가 없다. 당신이 할 수 있는 모든 과정을 마치고 그저 가만히 기다리기만 하면 고객은 끊임없이 모여들게 되어 있다.

지금까지 만들었던 기승전결 표를 한 자리에 모았다. 대박법칙의 전모를 밝히는 순간이므로 집중하기 바란다.

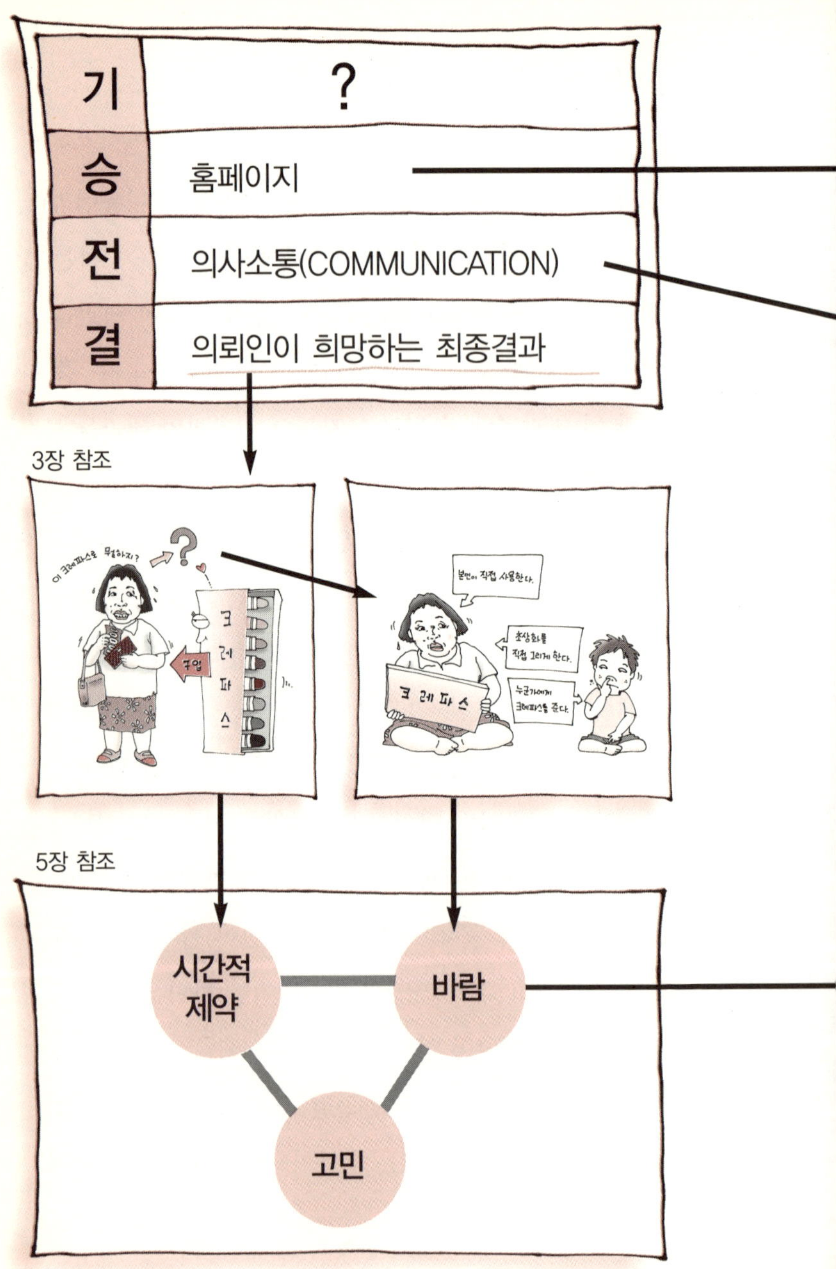
기
승
전
결
?
홈페이지
의사소통(COMMUNICATION)
의뢰인이 희망하는 최종결과
3장 참조
5장 참조
본인이 직접 사용한다.
초상화를 직접 그리게 한다.
누군가에게 크레파스를 준다.
크레파스
시간적 제약
바람
고민

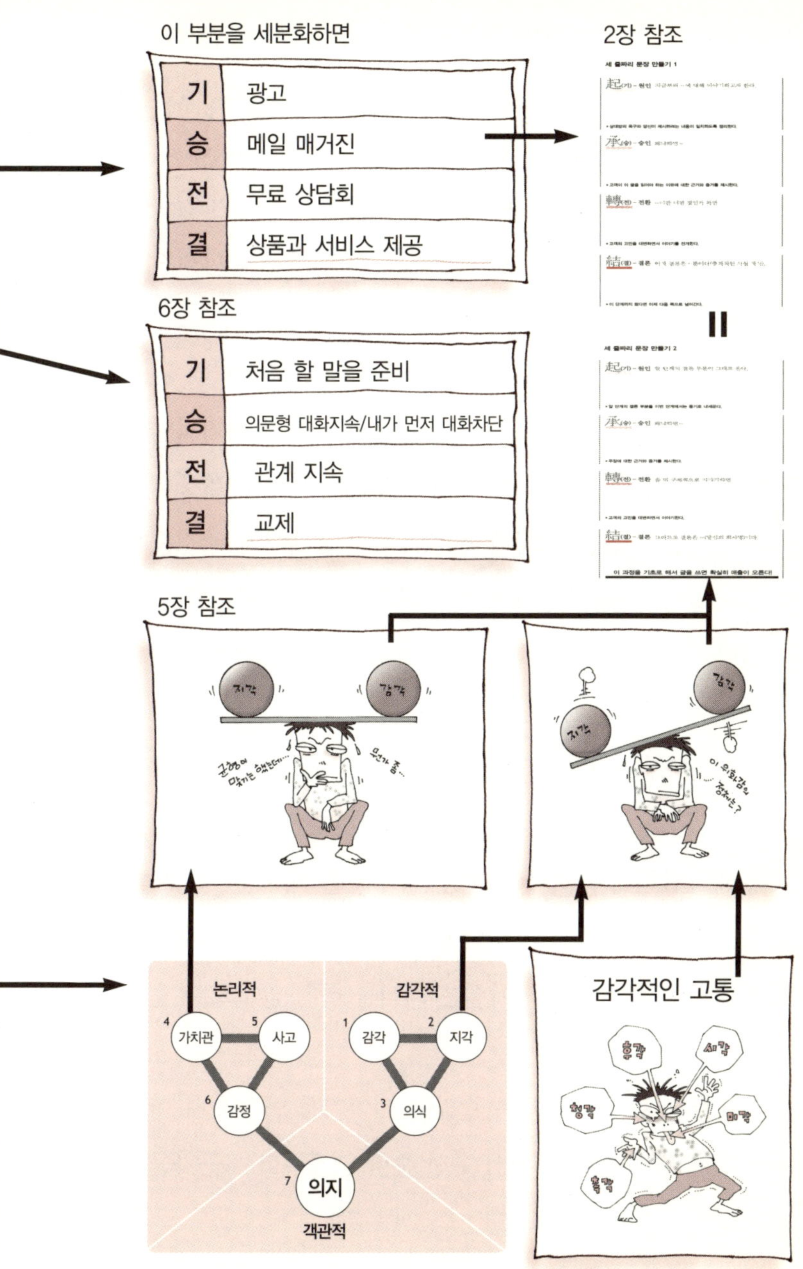

이 부분을 세분화하면
기 광고
승 메일 매거진
전 무료 상담회
결 상품과 서비스 제공
2장 참조
6장 참조
기 처음 할 말을 준비
승 의문형 대화지속/내가 먼저 대화차단
전 관계 지속
결 교제
5장 참조
지각
감각
감각적인 고통
논리적
감각적
4 가치관
5 사고
1 감각
2 지각
6 감정
3 의식
7 의지
객관적

종합차트를 다시 한번 정리하면서 이야말로 틀림없는 방법이라는 확신이 섰을 것이다. 이 방법을 바탕으로 작은 부분부터 단계별로 침착하게 밟다보면 당신도 모르는 사이 대박법칙의 주인공이 되어 있을 것이다. 고객들이 인정하는 홈페이지만 완성하면 애써 팔을 걷어 부치고 나서지 않아도 성공이 보장된다.

메일 매거진은 그런 홈페이지를 만들기 위한 하나의 과정에 불과하다. 다른 사이트와 차별화되고 좀더 매력적인 홈페이지를 원한다면 메일 매거진을 적극적으로 활용하라. 이제 남은 일은 이렇게 만들어놓은 홈페이지 주소를 알리는 일이다. 이것만 성공하면 의뢰인들은 모여들게 되어 있다.

마지막 퍼즐을 풀어나가려면

이제 대박법칙의 마지막 단계인 기 부분을 채우는 작업으로 들어가자. 기 부분만 완벽하게 채우면 당신도 이제는 영웅 훈장을 달 수 있다. 아쉬운 소리를 하지 않고도 돈을 끌어 모을 수 있는 것이다.

지금까지 귀가 따갑도록 수많은 이야기를 들었으니 이제는 실현해야 할 단계이다. 우선 준비 단계부터 차근차근 살펴보자.

- 의뢰인이 될 가능성이 높은 사람이 있을 만한 장소로 간다.
- 의뢰인이 될 가능성이 높은 사람이 볼 만한 광고매체를 찾아 당신의 광고를 싣는다.
- 입소문을 이용한 광고효과를 노린다.
- 매스컴 등의 각종 미디어에 오르내리도록 만든다.

이 책을 열심히 읽은 사람은 알겠지만 성공은 누군가에게 억지로 매달리는 것이 아니라 자신의 힘으로 성취하는 것이다. 또한 단순히 머리와 입으로만 하는 것이 아니라 실질적인 능력 자체를 키워나가는 것이다.

5000원으로 의뢰인 20명을 모으는 기술

지금부터 애기는 거짓말 같기도 하고 농담 같기도 하다. 하지만 농담 같은 만큼 매출도 농담 같다. 만약 당신에게 5000원으로 20명의 의뢰인을 모을 수 있는 방법이 있다면 어떤 생각을 할까. 소개하려는 농담 같은 애기의 주인공은 명함이다. 명함 하나 만드는 데 네 가지 컬러를 섞어서 만들 것도 아니니 비용도 크게 문제될 것 없고 누구나 손쉽게 접근할 수 있는 방법이다.

하지만 서둘러야 한다. 누구보다도 당신이 움직여야 하

기 때문이다. 우선 컴퓨터용품 매장에 들러서 명함 용지를 구입하라. 봉투 속에는 A4 크기의 두꺼운 종이가 10매 들어 있을 것이다. 눈금이 표시되어 있으므로 그 눈금대로 자르면 한 장당 10매의 명함이 나온다. 용지가 10장이니까 명함은 100장이 된다.

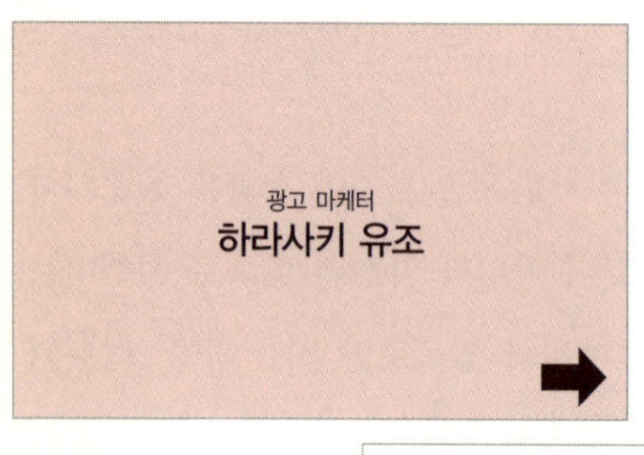

이건 머리싸움이고 두뇌 운동이다. 대부분 획일화되고 그리 크게 고민 없이 만들어진 명함을 들고 다닌다는 사실을 역이용하는 것이다.

우선 앞면을 보자. 이름과 직위를 쓰고 오른쪽 하단에 화살표를 넣는다. 뒷면으로 넘기면 '감사의 뜻으로 성공적인 광고제작의 비법을 알려드립니다' 라는 문장을 맨 위에

적는다. 그 밑에 회사이름과 연락처를 적으면 명함 제작은
일단락된다.

거짓말 같겠지만 이것으로 끝이다. 이 명함만 완성되면
영업 준비는 완료되었다. 하지만 '이 명함 하나로 돈을 벌
수 있는 이유는 무엇일까' 에 대한 해답을 구하지 않으면
모든 것은 수포로 돌아간다. 그러므로 앞장의 내용들을 떠
올리면서 어떤 영업 전략을 세워야 할지 정리해야 한다.

1단계 : 당신의 이상형이 어디에 있는지 열심히 살펴라

너무 뻔한 이야기지만 명함 제작에는 비용이 든다. 더구나
자신의 이름이 새겨진 명함이니 얼마나 애착이 가겠는가!
따라서 자신의 명함을 함부로 내돌리는 사람은 없을 것이
다. 실제로 명함을 건네봤자 아무 소용이 없는 사람들을
이미 경험했기 때문에 잘 알 것이다. 돈과 자신의 자존심
이 걸린 문제이니 늘 신중하게 행동해야 한다.

물론 무조건 많이 뿌려야 확률이 높아진다며 만나는 사
람마다 명함을 건네는 다른 사고방식의 사람도 있다. 하지
만 그런 사람일수록 실패를 거듭한다는 사실을 각오해야
한다. 힘들게 땀을 흘렸지만 어떤 것도 자신의 뜻대로 움
직이지 않는다는 사실을 곧 깨닫게 될 것이다.

그렇다면 명함을 어떤 식으로 배포해야 하는가? 어떤
사람에게 건네야 효율적인 결과를 얻을 수 있을까? 정말

고민되는 질문일지도 모른다. 전혀 감이 잡히지 않아 망망대해에 떠 있는 듯한 느낌을 받을지도 모른다. 하지만 알고 보면 이것처럼 간단한 일도 없다.

자신의 명함을 먼저 꺼내는 사람에게 건네면 된다. '명함 한 장 얻을 수 있을까요?' 하면서 당신의 명함을 요구하는 사람에게 말이다. 당신을 향해 다가오는 사람이 있고 멋진 상품만 있으면 당신은 이미 천군만마를 얻은 것과 다름없다.

보충설명

당신에게 말을 걸지 않는 사람은 '당신과 나는 전혀 상관이 없는 사람이요' 라고 말하는 것과 마찬가지다. 따라서 그런 사람에게는 억지로 다가갈 필요도 없고 무리하게 명함을 건넬 필요도 없다.

2단계 : 처음 건넬 말을 사전에 준비하라

이 부분은 명함을 건네면서 당신의 이름을 이야기하면 된다. 미소 지은 얼굴로 살짝 건네기만 하면 된다. 앞면에 화살표가 있으므로 상대방은 명함을 뒤집어 볼 것이고 '이런 회사도 있었나요? 무슨 일을 하시는 건가요?' 라고 물어올 것이 분명하다. 그때 당신은 그저 '아 예, ~에 대한 정보를 드리고 있습니다' 라고 간단히 대답하면 된다.

그 정도만 해두면 상대는 계속해서 질문을 할 것이다.

3단계 : 상대의 얘기를 들어주기만 해도 세일즈맨이 될 수 있다
이제 상대는 '어떤 정보 말인가요?' 라며 적극적으로 다가
온다. 이때 구체적으로 설명하면서 그 자리에서 끝장을 보
려고 해서는 안 된다. '지금 다 말씀드릴 수는 없고요. 나중
에 우리 홈페이지를 한번 보시죠!' 하고 여운을 남겨야 한
다. 그러면 다섯 명 가운데 한 명은 분명히 당신의 의뢰인
이 될 것이다. 이러쿵저러쿵 길게 이야기해서는 안 된다.

지금까지의 내용을 간략히 요약하면 다음과 같다. 앞으
로 당신은 명함을 사용할 때 다음 원칙을 지키도록 하라.

· 당신에게 다가오는 사람에게만 명함을 건네라.
· '무슨 회사인가요?' 라고 질문하면 '~에 대한 정보를
  드립니다' 라고만 대답하라.
· '무슨 정보 말인가요?' 라고 물으면 '나중에 홈페이지
  에 한번 들어가보시죠' 라고 간단명료하게 응대한다.

이쯤 되면 상대는 분명히 당신의 홈페이지에 들어오게
되어 있다. 굳이 모든 것을 말로 설명하려는 욕심을 부려
서는 안 된다. 당신 자신의 경험과 실패담이 객관적이고

진실하게 녹아 있는 홈페이지에 초대만 해두면 만사해결이다.

당신 홈페이지까지 방문한 상대는 이미 당신과 통성명까지 한 사이이기 때문에 제품에 대한 불안감 같은 것은 없다. 따라서 당신에 대해 큰 거부반응이 없을 뿐 아니라 무리 없는 범위에서 제품 구매로까지 이어질 것이다.

참고수칙

실제 구매를 하는 사람은 20퍼센트 정도에 불과하지만, 홈페이지를 방문하는 사람은 그보다 훨씬 많다. 적어도 다섯 명 가운데 세 명은 당신의 홈페이지를 방문할 것이다.

세일즈맨의 정신적 고통을 완전히 치료해주는 비법

발로만 뛰어다니는 세일즈맨에게는 홈페이지를 이용한 영업이 와 닿지 않을지도 모른다. 하지만 이것은 모두 경험에서 나온 살아 있는 지식이므로 안심하고 따라주기 바란다. 충실히 만든 당신의 홈페이지야말로 고객이 당신을 인정하게 만드는 가장 확실한 도구다. 침 튀겨가며 고객을 설득하려 들지 말고 잠자코 그들을 기다리면 된다. 물론 세일즈맨을 위한 이야기이므로 경영자에게는 다소 거리감이 있을 수 있다.

그렇다면 당신이 지금까지 접한 신문의 광고나 전단지를 한번 유심히 살펴보라. 고객을 유혹하고 현혹시키는 각종 문구들을 확인할 수 있을 것이다. 그런데 당신은 그런 광고 전단지를 보고 어떤 생각을 했는가. '이 정도면 잘 팔리겠는데' 혹은 '너무 황당한 전단지야' 등등 저마다 느낌이 다를 수 있다. 어쨌든 좋다. 결과적으로 매출 효과만 뛰어나면 되는 것 아닌가.

이제부터는 '어떻게 하면 잘 팔릴 수 있을까'에 대한 얘기를 하자. 결론부터 말하면 일정한 조건을 갖춘 사람만이 따라할 수 있는 기술이다. 내가 말하는 일정한 조건은 그리 거창하거나 고난이도의 기술이 아니다. 그저 지금까지의 내용을 완벽하게 이해하고 이를 구체화시킬 수 있는 경영자나 비즈니스맨이면 된다. 따라서 대충 어정쩡하게 할 사람이라면 처음부터 손대지 않는 것이 현명하다.

이제 당신은 '대박법칙 종합차트'의 승, 전, 결 부분을 채워나갈 수 있게 되었다. 남은 것은 기 부분, 즉 동기와 원인 부분을 메우는 작업이다. 이 작업만 끝내면 고객들은 자동적으로 당신을 향해 움직일 것이다. 더는 사업자금이나 급여 때문에 걱정하거나 고민하지 않아도 된다. 늘 웃는 얼굴로 종업원들을 격려하면 그들은 당신의 편이 될 것이고, 당신은 멋진 광고제작에만 더욱 주력할 수 있기 때문에 어려울 것은 하나도 없는 셈이다. 잘 나가는 광고를 손에 넣을 수만 있으면 개인적인 성공은 물론 조직 운영에도 큰 도움이 될 것이다.

한정판매를 효과적으로 이용하라

선입견이란 참 무서운 것이어서 '광고를 낸다'와 '전단지 제작'이라는 말을 거의 같은 의미로 인식하게 만든다. 실제로 내게 상담을 요청하는 사람들 가운데 약 70퍼센트는 '어떤 전단지를 만들어야 매출이 오를까요?' '무슨 요일에 전단지를 돌리면 가장 효과적인가요?'라는 질문을 한다. 이처럼 잘못된 선입견으로 가끔 혼란을 불러일으킨다.

당신에게 책임추궁을 하려는 것은 아니다. 사실 광고업자들이 이런 식으로 몰아가고 있는 것이다. '전단지는 이렇게 디자인하는 것이 좋습니다' '전단지는 무조건 많이 뿌려야 효과가 있습니다'라는 식으로 사업주들을 현혹하고 판단을 마비시켜야만 자신들의 사업이 번창하기 때문이다. 그들 처지에서 보면 디자인 제작비를 크게 부풀리지 않으면 전단지 인쇄비만으로는 수익이 터무니없기 때문에 어쩔 도리가 없다고 하소연한다.

나 역시 같은 입장에서 그들을 전혀 이해하지 못하는 것은 아니다. 과거에 낮은 인쇄비 때문에 입에 풀칠하기도 힘들었던 적이 있다. 회사 입장에서도 디자인 제작비가 아니면 운영이 쉽지 않다. 내가 파산 직전까지 내몰렸던 이유 가운데 하나도 디자인 제작비를 제대로 챙기지 못했기 때문이다. 따라서 전단지 제작비용은 비싸질 수밖에 없다. 자칫 잘못하다가는 스스로 제 무덤을 파는 꼴이 되기 십상이다. 당신 제품이 생필품이면 다행이지만 고가의 상품이라면 문제는 더욱 심각해진다.

컬러와 단면 인쇄를 기준으로 한번 찍을 때마다 보통 1만~3만 장 정도를 제작한다. 이때 비용은 양심적인 인쇄업자의 경우 70만~170만 원 정도다. 물론 여기에는 신문지를 이용한 전단지 작업 비용도 포함된다. 그렇다면 이런 비용을 투자해서 얻을 수 있는 반응은 어느 정도일까.

신규고객만을 기준으로 계산했을 경우 최대 5퍼센트 정도다. 그러니까 1만 장에 50명, 3만 장에 약 150명 정도가 관심을 표시한다고 볼 수 있다. 신장개업을 하는 경우에는 2퍼센트 정도 상향되는 경향을 보이지만 이는 예외적인 경우이기 때문에 대체로 5퍼센트라는 수치를 기억하자. 5퍼센트 수치만으로는 별 것 아니라고 여겨질 수도 있지만 영업적 측면에서 보면 엄청난 반응이라 할 수 있다. 그런데 문제는 이런 높은 수치가 나타난 것은 생필품과 계절상품이 대부분이라는 사실이다.

예를 들어 막 찻잎을 따기 시작할 즈음의 차(茶)나 게임기 같은 신종 제품들은 처음 출시되었을 때 이런 수치를 보인다. 이미 인기를 누리고 있는 상품이라면 '한정판매' 라는 단어를 적절히 사용해 5퍼센트 반응에 도전할 수밖에 없다. 그렇다고 한정판매라는 단어를 아무 때나 남용해서는 안 된다. 요즘 고객들은 이 상품이 왜 한정판매에 들어갔는지 명확하게 이해하지 않으면 거들떠보지도 않기 때문이다.

예를 들어 식품의 경우에는 재배 단계에서부터 차별화된 식품이라 공급물량이 많지 않다는 점을 이용하면 좋다. 요즘에는 유기농 식품에 대한 관심이 높다. '수요에 비해 유기농 제품의 공급 부족으로 한정판매가 불가피하다'고 하면 그보다 더 훌륭한 이유는 없다. 고객 역시 '그럴 만하구나. 그럼 나도 어서 하나 사두어야지' 하는 생각을 하게 되고 시간적 제약 때문에 당장 행동으로 연결되는 것이다.

그렇다면 당신이 취급하는 제품은 어떤가. 꼭 위에 든 예가 아니더라도 얼마든지 한정요소와 연관시킬 수 있다. 지금껏 이 책을 신중하게 읽어온 사람이라면 나름대로 자신만의 노하우 혹은 자존심 같은 것이 생겼으리라 믿는다. 그것들을 고객에게 전달하는 것도 한정요소라고 할 수 있다. '좀더 성실하고 책임감 있는 상담을 위해 선착순 열 분께만 상담 서비스를 제공합니다!' 이 얼마나 그럴듯하고도 타당성 있는 한정요소인가.

당신이 성공을 하느냐 못하느냐는 바로 한정요소를 얼마나 적시적소에 사용하느냐에 달려 있다. 이미 성공이 눈앞에 보이기 시작한 사람이라면 고객으로부터 승인도 얻고 고객의 분위기 전환은 물론 재구매까지 가능해졌으리라 믿는다. 이는 당신의 제품을 구입하는 것이 고객들의 최우선 항목이 되었다는 증거다.

이때 주의해야 할 점은 선착순 열 분이라고 한 약속을 꼭 지켜야 한다는 것이다. 그러지 않고 조삼모사(朝三暮四)의 실수를 저지르면 그동안 쌓아온 신뢰가 일순간에 무너진다는 사실을 명심해야 한다.

전단지는 비용 대비 효과가 전혀 없다

일단 생필품의 경우에는 전단지 효과를 무시할 수 없다. 하지만 상품 특성상 제약이 따르거나 고가의 제품이라면 실패할 가능성이 높다. 앞에서도 언급했듯이 전단지의 고객 반응은 기껏해야 5퍼센트다. 그것도 1만 원짜리 한 장 정도면 살 수 있는 생필품과 한정판매라는 시간적 제약이 따를 경우에나 가능한 일이라고 했다. 그러므로 이외의 상품이라면 전단지 전략은 재고해야 한다.

무엇보다 전단지는 비용 대비 효과 면에서 전혀 효력이 없다는 데 가장 큰 문제가 있다. 3만 장의 전단지로 5퍼센

트인 150명의 고객을 유치한다는 것은 거의 불가능에 가
깝기 때문이다. 예를 들어 당신이 건설회사 사장이라고 가
정하자. 150세대의 신축주택을 분양하려고 3만 장의 전단
지를 뿌린다고 해서 과연 150세대 모두 분양되겠는가. 절
대 불가능한 일이다. 상권을 확대한다거나 영업사원을 채
용하는 등 기업적이고 획기적인 방법이 아니고는 불가능
한 일이다. 겨우 전단지 3만 장으로 해결될 일이 아니라는
뜻이다.

이 경우에 전단지를 뿌리더라도 한 가지 컬러의 단면인
쇄보다는 적어도 네 가지 컬러 이상 양면인쇄의 전단지를
한 지역에 10만 장 이상 배포해야 효과를 기대할 수 있다.
그렇게 전국적으로 배포하면 150세대 분양이 그리 꿈 같
은 소리는 아닐 것이다. 물론 비용의 문제는 충분히 감안
해야 한다.

팔리는 광고에 필요한 일곱 가지 요소

전단지에만 목을 맬 일이 아니다. 정보를 찾아다니다 보면
의외로 유익한 정보를 얻을 때가 많다. 그중 하나가 미니
커뮤니케이션(mini communication : 동인지나 사보 형태로
소수에게 정보를 전달할 수 있는 매체) 잡지다. 저렴한 비용으
로 최대한의 효과를 노리기에는 이것이 제격이다. 대상 영

역 또한 전국적이라서 전단지에만 눈길을 돌렸던 사업주에게는 엄청난 희소식일 것이다.

이렇듯 전단지만이 전부가 아니다. 생필품을 파는 매장이라면 금세 전단지 비용을 회수할 수 있지만, 다른 제품으로는 다소 무리가 따른다. 그러므로 광고는 무조건 전단지로 해야 한다는 고정관념에서 벗어나 좀더 시야를 넓혀라.

전단지든 미니 커뮤니케이션 잡지든 내용이 중요하다. 이제 그 내용을 살펴보자.

- 제품의 사진을 싣는다.
- 연락처를 분명히 명기한다.
- 어떤 외부환경들이 걸림돌이 되는지를 제시한다(5장 참조).
- 그에 대한 해답을 살짝 맛만 보여준다.
- 핵심어 혹은 제목을 신중히 결정한다.
- 이런 광고를 내는 객관적 근거와 증거자료를 싣는다.
- 홈페이지 주소를 싣는다.

이상이 잘 나가는 광고 전단지 등을 제작할 때 반드시 참고해야 할 사항이다. 너무 깊이 생각하지 말고 각 항목이 빠지지 않도록 간단히 체크하라.

3분 만에 멋진 광고를 만들어보자

갑자기 엄청난 것을 준비하라고 하면 갈팡질팡할 수 있다. 그러므로 우선 금방 준비가 가능한 것부터 챙기자. 먼저 제품사진. 사진 준비를 하면서 너무 어렵다는 생각을 하지는 않을 테니 손쉽게 진행할 수 있을 것이다. 회사 주소 역시 마찬가지다.

이렇게 크게 머리 쓸 것 없는 것부터 준비를 해놓고 본격적인 작업으로 들어간다. 그래야 머릿속이 복잡하지 않고 좋은 아이디어와 외부환경 등의 이미지가 잘 떠오른다.

너무 자세하고 장황하게 설명할 필요도 없다. 당신이 광고를 내기로 결심하고 작업에 돌입했다는 것은 이미 '대박법칙 종합차트' 가운데 승인 부분을 충족시켰다는 뜻이다. 그러므로 홈페이지의 내용을 편집하거나 발췌하는 방법도 무난하다.

왜 홈페이지 주소를 실어야 하는가

전단지에는 큰 허점이 있다. 현재 소비자들은 공급자가 시장을 주도하던 세대와 수요자가 시장을 주도하는 세대, 크게 두 부류로 나눌 수 있다. 이들을 모두 대상으로 하려면 전단지만으로는 무리가 있다.

앞선 세대는 인터넷 활용이 거의 불가능하다. 이들은 공급 위주의 시대를 살았기 때문에 직접 부딪치고 시각적 자극만 하면 판매가 용이한 세대다. 그렇기 때문에 소책자나 전단지가 설득력이 있을 수 있다. 궁금한 것이 있으면 그들이 먼저 전화문의를 하기 때문에 접촉도 용이하다.

하지만 요즘 세대의 소비자들은 다르다. 이들의 생활에서 인터넷을 배제한다는 것은 상상조차 할 수 없다. 이 세대는 자신이 수요를 느끼는 부분에만 눈길을 준다. 스스로 판단하고 결정하기 때문에 그 판단기준으로 각 기업의 홈페이지를 방문하는 것이다. 따라서 두드러지면서도 알찬 홈페이지 준비는 가장 기본적이고 핵심적인 작업이다.

이제는 인터넷을 제압하는 사람만이 살아남는다.

서점에 가면 비즈니스 실용서적들이 서가를 빽빽이 채우고 있다. 자기계발 서적을 비롯해 영업 노하우, 마케팅, 고객 유치, 인터넷 비즈니스 관련 서적에 이르기까지 그 종류는 엄청나다. 나도 사실 과거에는 이런 책들만 읽었다. 당시에는 가난했기 때문에 하루 종일 서점에서 시간을 보낼 정도였다. 내가 왜 이렇게 살아야 하는지 회의도 많았던 시절이었다.

어쨌거나 나는 성공했고, 그 절실한 경험들을 당신에게 이렇게 전하고 있다. 마지막으로 다시 한번 강조하고 싶은 것은 책을 읽을 때 자신이 원하는 주제만 골라서 읽지 말라는 것이다. 편식을 하면 건강에 나쁜 것처럼 독서도 숙독과 통독을 병행해야 한다.

이 책은 당신의 성공적인 영업과 나아가서는 성공적인

삶을 살 수 있는 방법론을 정리한 것이다. 다른 책들처럼 자기 자랑이나 위세를 부릴 목적이었다면 그저 '누구나 열심히 하면 성공할 수 있다'는 분위기로 몰고 갔을 것이다. 하지만 나는 무시할 수 없는 책임감으로 진실을 전달하려고 노력했다. 그리고 다른 서적들과 달리 당신의 고정관념의 문제점들을 지적하면서 당신이 당장이라도 실천할 수 있는 데 목적을 두었다.

이 책을 읽는 사람들 가운데는 사업주도 있을 것이고 세일즈맨, 직장인, 주부, 학생 등 여러 계층이 있을 것이다. 단순히 읽는 것만으로 끝난다면, 그리고 자신에게 필요한 부분만 살짝 읽고 넘어간다면 당신은 영원한 관객일 수밖에 없다. 주인공들을 위해 박수만 하는 관객 말이다.

이 책을 읽은 당신은 일단 독불장군이 돼라. 주위의 시선이나 반응에 신경 쓰지 말고 자유로워져라. 그리고 고독을 즐겨라. 인생은 도박이 아니다. 한걸음 한걸음 밟아나가는 긴 여정이다. 그러므로 승리도 있고 패배도 있을 수 있다. 그것에 연연하지 말고 스스로 받아들이면서 움직여라.

내가 이 책을 쓰면서 당신에게 가장 하고 싶었던 말은 '당신의 인생은 스스로 걸어가라'는 것이다. 그럴 수만 있다면 나는 기꺼이 당신의 영원한 동반자가 될 것이다. 나의 독불장군 동반자여, 이제 당신에게 남은 것은 성공뿐이다.

추위가 한창 맹위를 떨칠 때 하라사키 유조(原崎裕三)의 《마누라도 구워삶는 바보 대박의 법칙》을 번역하기 시작했다. 그런데 작업이 마무리된 지금은 사람들의 옷차림과 식단이 바뀐 완연한 봄이다. 모든 것이 새롭게 시작된 봄.

번역을 하는 동안 머릿속을 떠나지 않는 글귀 하나가 있었다. '지금 알고 있는 것을 그때도 알았더라면…….' 누구의 말인지 얄미울 정도로 내 심정과 딱 맞아떨어지는 것 아닌가. 나는 불행히도 이 책의 번역을 끝내면서 그것을 분명히 깨달을 수 있었다.

2000년 2월, 남편의 적극적 후원으로 한 쇼핑몰에서 액세서리 가게를 열었다. 두 평 남짓 자그마한 공간이었지만 그곳에 담긴 내 꿈과 포부는 엄청났다. 만약 그때 이 책의 저자 하라사키 유조를 만났더라면 지금도 살아남아 있을지 모르겠다. 눈치 빠른 독자라면 알아차렸겠지만 개업 3개월 만에 손님의 발걸음은 뚝 끊겼고 1년 만에 폐업신고를 했다. 한마디로 망한 것이다.

난 그저 열심히만 하면 된다고 생각했다. 그래서 누구보다 친절하게 손님을 대했고 '박리다매(薄利多賣)' 원칙을 지키며 최선을 다했다. 하지만 그것은 순전히 나만의 착각이었다. 한순간도 고객의 처지가 되어본 적이 없었다. 그저 얼마짜리를 사려나, 신용카드보다는 현금으로 했으면, 구경만 하는 것이 아닌가 하는 생각뿐이었다.

나도 백화점이나 옷가게에 쇼핑을 할 때 주인의 표정이나 말투에 신경을 많이 쓰는 편이다. 그래서 지나치게 장삿속을 보인다거나 다른 의도가 엿보이면 아무리 마음에 드는 물건이라도 등을 돌렸던 적이 한두 번이 아니었다. 마찬가지로 내 속셈을 일찍이 알아본 고객들이 그때의 나처럼 등을 돌리는 것은 당연했다. 그러니 나는 이미 시작부터 망하고 있었던 것이다.

하라사키 유조가 봤으면 참으로 한심하다고 쓴웃음을 지었을 것이다. 어쩌면 그렇게도 무방비 상태로 장사를 시작했느냐고, 한번쯤 다른 방법을 시도하지 않고 왜 그렇게 쉽게 포기했느냐고, 고객에 대한 기본적인 이해도 없었느냐고 하며 회초리라도 들고 달려오지나 않았을지 모를 일이다.

생각하면 내 무의식 패턴은 참으로 부정적이다. 열심히 했는데도 안 되면 '난 왜 안 되는 걸까' 하고 자신을 돌이키기보다는 '그럼 그렇지, 내가 하는 일이 오죽할까' 라는 말을 입버릇처럼 한다. 바보 취급받았던 저자처럼 말이다.

하지만 내가 저자와 달랐던 것은 단 하나, 그는 '성실한 바보' 였고, 나는 실패를 인정하고 받아들이기만 하는 '그냥 바보' 였던 것이다. 그 결과는 실로 엄청났는데도 말이다. 그래서 이 책에서 언급한 성실한 바보론에 다시 한번 소개하고 싶다.

세상에는 천재와 바보 두 가지 부류가 있다. 무슨 일이든 척척 잘 해내는 사람을 흔히 천재라 부른다. 물론 그렇지 못한 사람은 바보 취급을 당한다. 천재에게는 그 나름의 삶의 방식이 있듯이 물론 바보도 마찬가지의 방식이 있다.

너무 식상한 이야기 같지만 이 부분이 가장 중요하다. 현재 우리가 접하는 정보의 99퍼센트는 천재들의 입에서 나온 것들이다. 그렇다면 바보들이 세상에서 주목받을 방법은 없는 것인가. 그렇지 않다. 나머지 1퍼센트의 새로운 정보들이 있다.

천재는 늘 성공한다. 따라서 반성도 없고 경험도 없다. 하지만 바보들은 처음에는 늘 실패한다. 하지만 두

세 번 실패를 거듭하면서 더는 실패하지 않는 법을 깨우친다. 결국 최후의 승자는 과거의 아픈 경험과 실패를 딛고 일어선 성실한 바보들이다. 늘 실패하고 늘 좌절하는 것 같지만 바보들의 가슴에는 진정한 승리를 위한 열정이 싹트고 있는 것이다.

번역을 끝내면서 묘한 안도감과 한편으로 뭔가 떨떠름한 것은 하라사키 유조의 메시지가 과거와 지금의 나를 비추는 거울 같기 때문이다. 그는 바보들인 우리가 버리지 못하고 숭상하는 낡은 고정관념을 과감히 깨트리라고 한다. 예를 들면 '손님은 왕이다'는 말을 맹신했다면 그는 대접받을 만한 고객만 왕으로 대접하라고 한다. 사실 나는 그것을 버리지 못한다. 그리고 불안하다. 이 책을 접한 독자 역시 별반 다르지 않을 것이다. 하지만 이 책을 읽었을 때는 그런 것이 정리되면서 당신에게 적잖은 도움이 되고 있다는 사실을 실감하고 있을 것이다. 나 또 그랬으니까.

이 봄, 독자 여러분과 내가 모두 장사꾼이 될 수야 없겠지만 삶 전반에 하라사키 유조의 메시지를 적용시키며 살 수 있을 것이다. 봄의 새로운 이파리처럼……

2004년 4월

김윤희

마누라도 구워삶는 바보 대박의 법칙

초판 찍은날 2004년 4월 26일   **초판 펴낸날** 2004년 4월 30일

지은이 하라사키 유조 | **옮긴이** 김윤희
펴낸이 변동호 | **출판실장** 옥두석 | **편집** 이준호 | **디자인** 0.02% | **마케팅** 김현중 | **관리** 김효선
펴낸곳 (주)양문 | **주소** (110-260) 서울시 종로구 가회동 170-12 자미원빌딩 2층
전화 02.742-2563~2565 | **팩스** 02.742-2566 | **이메일** yangmoon@dreamwiz.com
출판등록 1996년 8월 17일(제1-1975호)
ISBN 89-87203-64-6 03320   잘못된 책은 교환해 드립니다.